STUDIOS
TALMA

Du même auteur :
– *Les Indomptables - Au-delà de l'effondrement*, Talma Studios, 2022.

Le site et la chaîne de l'auteur :
– www.tristanedelman-khoroliste.com
– https://odysee.com/@lesINDOMPTABLES:8

Couverture :
– illustration : © Ahmad Safarudin | Dreamstime.com
– photo : Giulia d'Aria

ISBN : 978-1-913191-29-0

Talma Studios International Ltd.
Clifton House, Fitzwilliam St Lower
Dublin 2 – Ireland
www.talmastudios.com
info@talmastudios.com

TRISTAN EDELMAN

CIVILISATION MAL-ÊTRE

En finir avec le capitalisme

STUDIOS
TALMA

Remerciements

Je remercie chaleureusement les sites, les blogs et les journaux qui ont publié et repris mes articles, d'autant plus que ce genre de publication représente dorénavant un risque réel de répression sous forme de censure, menace, amende, fermeture, perquisition, emprisonnement.

Je rends hommage à l'ouverture d'esprit de ces personnes, qui ne partagent pas forcément mes convictions, mes analyses et mes points de vue, mais ont eu le courage et ont décidé, malgré les divergences, de participer à l'union des forces contre la tyrannie.

Je les salue donc avec tout mon respect, ainsi que leurs médias gardiens de notre indépendance et de notre dignité, dont Agoravox, Chaîne Humaine, France-Soir, Gérard Infos, Kairos, La Une TV, La Vérité Libère, Le Front Médiatique, Le Grand Soir, Le Média en 4-4-2, Les Crises, Nexus, Odysee, OvalMédia, Profession Gendarme, Rumble, TVADP, Vécu, et tant d'autres.

Introduction

Ce livre est un acte de résistance contre les forces mortifères qui, depuis 2020, se déploient au grand jour. Porté vers l'avenir, il pose les bases d'une analyse des enjeux et les prémisses d'une nouvelle manière d'être au monde.

La suite d'articles choisis et révisés s'étend sur la période 2020/2021. La feuille de route est essentielle : prendre conscience de la réalité dans le concret et le détail. L'expérience directe, vécue et tumultueuse, nous en apprend souvent plus que l'analyse a posteriori, qui a émoussé l'émotion et nous fait reconstruire selon le nouveau présent. J'ai en tête *L'étrange défaite* de Marc Bloch,[1] qui tient un carnet de la débâcle de 1939. Lors des crises, c'est ce genre de lecture qui me rappelle au sens de la transmission. Transmission pour aider à démêler une situation qui semble inextricable, mais également transmission de courage. C'est en consignant l'action et la réaction spontanées qu'un livre, passant les années et passant entre nous, prend son sens et sa chair. Sur le champ de bataille, l'auteur, progressivement, examine et comprend à travers ces feuillets ce qui cause la mort de centaines de milliers de personnes. C'est avec ironie qu'il dénonce les zélateurs du régime de Vichy, qui prétendent avoir organisé le pays de la meilleure manière possible, malgré l'évidence d'une déroute préparée. De même pour aujourd'hui. Hormis les candides et les fanatiques, réagir après que le mal ait été fait, en prétendant après coup qu'« on ne savait pas », relève de la pure malhonnêteté et fermente le terreau du prochain révisionnisme.

Les politiques semblent se réveiller lentement devant l'ampleur du désastre de l'infamie des mesures sanitaires. Les industries dédommagent de-ci de-là, sachant que les contrats ont été bé-

---

1. *L'étrange défaite*, Marc Bloch, Histoire Folio Gallimard, 1990.

tonnés et que le business-plan prévoit quelques miettes pour afficher une bonne conscience stratégique. Mais, je le répète : *le mal est fait*. Les populations ont été abattues, la digitalisation s'accélère, la corruption bat son plein, le régime policier s'affiche avec morgue. Le plus frappant du point de vue politique a été le suivisme des gauches, qui ont abondé dans le sens de la tyrannie. Nous verrons, au cours du livre, que cette trahison des gauches n'est pas une surprise au vu des répétitions de l'histoire, de leur foi en la technique, de leur manque de cohérence quant à la critique du Capital et de leur participation au pouvoir en place par le truchement du système des partis, des associations et des syndicats.

Le *mea culpa* des collaborateurs – à gauche comme à droite – ne sonne pas seulement faux et indécent, il est de l'ordre de l'escamotage et de la perversion. En se faisant passer pour des victimes et des ignorants, ils masquent leur complicité dans le crime et bloquent par avance toute critique et autocritique qui aideraient à sortir de l'impasse. Ils essayent par là de faire oublier qu'ils ont participé activement à la discrimination envers ceux qui, courageusement, tentaient de prévenir les populations, sous les insultes et la haine consensuelles. Je ne réduis absolument pas tous les mouvements de contestation à ce moment particulier qu'ils ont raté. C'est pourquoi je suis de nouveau au front avec les diverses gauches à propos des retraites, de la crise environnementale due à la privatisation, des violences d'État et du soulèvement général. Mon souhait est que toutes les personnes de bonne foi finissent – fortes de l'expérience commune de la violence d'État et du Capital – par créer des alliances contre les assassins.

Cette série pourra également servir à ceux qui souhaitent lutter contre les constructions idéologiques fondées sur le déni et l'oubli. Les témoignages, les analyses et les propositions, qui sont faites à chaud afin de ne pas perdre l'esprit dans la mêlée, rappellent en miroir que les manuels scolaires et nombre de travaux académiques refont après coup le récit selon un objectif politique qui n'a rien à voir avec ce qu'il se passe dans nos cœurs. Le lecteur constatera par lui-même que tous les enjeux (sanitaire, éthique, politique, économique, culturel) étaient déjà présents ; il ne tenait qu'à nous d'en tirer la substantifique moelle propre à interrompre la sinistre triade État/Marché/Loi, dans laquelle nous trempons jusqu'au sang.

Écrire ces textes fut de l'ordre de l'instinct ; c'est pourquoi ils prennent parfois l'allure d'un « Guide de survie en milieu totalitaire ». L'humour et l'ironie, qui m'ont permis de prendre de la distance dans ces moments étouffants et psychotiques, ont fini par devenir une seconde peau.

L'idée de réunir ces articles a émergé lentement durant la période de mars 2020 à mars 2023, dans le silence de la méditation et de la douleur. L'inspiration qui m'a nourri est née entre l'Italie, la France, les hôpitaux, les morts autour de moi, les informations de Chine et mon passé engagé. Je distinguais clairement le tsunami qui venait. Dénonçant la folie totalitaire dès janvier 2020, j'exhortais les Gilets jaunes (GJ) de Marseille-Toursky d'échafauder une stratégie pour contrer l'ennemi. Cependant, l'attaque étant préparée de longue date, elle était remarquablement bien orchestrée. Mes compagnons, pris par surprise, se dispersèrent. Nous n'étions plus qu'une poignée. Dès la sortie du confinement en mai 2020, participant à la première manifestation, nous accrochâmes une énorme banderole jaune sur les grilles à l'entrée du CHU de Marseille arborant comme slogan : « Vaccination obligatoire, liberté et santé au revoir ». Le professeur Didier Raoult ayant tous les jours à l'entrée cet étendard qu'il avait pris soin de ne pas retirer, parlait dès le mardi de la vaccination obligatoire comme d'une absurdité. Si c'était une évidence pour quelques-uns, la plupart des manifestants nous prirent pour des illuminés, l'ordre du jour étant de réclamer à cor et à cris des masques gratuits auprès du gouvernement. Je compris que le réveil des consciences serait long et nécessiterait d'imaginer de nouvelles approches. Pour avancer, j'eus donc besoin de prendre de la distance, fermer les oreilles à la propagande qui s'acharnait, ne plus croiser le fer avec les tenants d'arguments spécieux et les égarés en proie aux dissonances cognitives. Bref, battre en retraite un moment pour comprendre ce qui se jouait. J'essayais d'analyser, avec les moyens du jour, le *blitzkrieg* des mesures sanitaires entrepris par le régime totalitaire. Il s'agissait dès lors de réorganiser intégralement sa vie, afin d'ouvrir d'autres perspectives au sein d'un univers déréglé.

L'écriture est ainsi devenue une méditation sur le sens de la civilisation et, de là, sur le sens de la vie. Elle peut paraître pessimiste. Ce n'est pas le cas. Elle est réaliste et sans compromis. Je crois qu'il faut partir du réel rugueux pour retrouver ce que j'appelle « le Mouvement »[2] ou l'énergie primordiale et indomptable qui nous donne l'envie de vivre et de transmettre. Ne plus se raconter d'histoire, sortir de son cinéma et de ses petites lâchetés quotidiennes pour accueillir la chaleur des flux qui nous entourent et nous protègent. Cela demande, bien entendu, un long travail personnel, accompagné de douceur, de compréhension et d'inévitables allers-retours. C'est ce réalisme qui me permet de continuer de créer sous toutes les formes possibles et de m'investir, avec toujours autant d'enthousiasme, dans les soulèvements susceptibles de nous ramener un peu de grand air.

Considérant que les civilisations issues du capitalisme sont nées d'une dissociation originelle qui rend le totalitarisme inévitable, le

2. NdÉ : La majuscule sera conservée à « Mouvement » lorsqu'il désigne « l'énergie primordiale et indomptable qui nous donne l'envie de vivre et de transmettre ».

terme de ma méditation tient en peu de phrases : *Les civilisations ne traversent pas des crises ; la civilisation est la crise.* Il n'y a pas de la fureur, de la folie et de la psychose dans les civilisations, la civilisation est psychose, folie et fureur. Il ne s'agit pas de fuir, de renier, d'adhérer ou de glorifier la civilisation, mais de la traverser. Un seul mot pour caractériser ce nihilisme inhérent : « Mal-être ». Il est logique que le nouvel idéal soit porté par la doxa du bien-être quand le mal-être envahit tout. La notion de « bien-être » contient à la fois l'antique thème de la recherche du bonheur et celui plus moderne du « confort ». Cette dernière actualisation limite la vie heureuse à la possession de biens matériels – notamment techniques et financiers – et à une économie d'arrangements faite de plaisirs superficiels, de décharges sans saveur et de l'angoisse de ne pas être validé par le système. Le bien-être contient également le thème originel concernant l'idéal vers le beau/le bien/le vrai et celui de l'immuabilité de l'être. En somme, l'idéologie du bien-être suppose une ontologie de la possession qui fige le Mouvement, détourne les énergies et reconstruit un univers distillant le mal-être.

Il m'a fallu beaucoup de temps pour accepter que le mal-être puisse être le fondement de la civilisation. Tout comme nous avons besoin de croire que l'État, les parents et les transcendances nous protègent, nous avons besoin a fortiori de croire que le sens de l'histoire et de la vie humaine tend vers un mieux ou, tout du moins, se maintient dans un accommodement vivable. Envisager que l'origine même de toute cette affaire soit une expérience de destruction est tout simplement inaudible. Cette possibilité produit un vertige qui plonge dans la plus dangereuse déréliction. Et si l'on parcourt l'histoire, ils sont bien peu, à ma connaissance, à avoir osé débusquer le renard et pris au sérieux cette question occultée. Les téléologies et les sectes millénaristes prophétisent sur la fin des temps, mais toujours selon une visée punitive et rédemptrice, à l'instar des utopies qui s'efforcent de réaliser les promesses métaphysiques du paradis sur terre ou dans le ciel. Même face aux horreurs des guerres mondiales, Freud ne franchit pas le cap. Et pourtant, avec Nietzsche, il est l'un de ceux qui s'approchent le plus de cette vérité. La dialectique culturelle que le fondateur de la psychanalyse élabore en fin de vie a le mérite d'admettre que l'issue de la lutte, entre Eros la construction et Thanatos la destruction, est incertaine.[3] Toutefois, il résiste à l'idée que la civilisation soit motivée par une compulsion nihiliste totalisante. Cela signifierait que le combat dialectique entre Eros / Thanatos, loin d'être l'explication originelle des forces culturelles, est une façon dialectique d'étendre le mal-être. Freud préfère prendre le chemin de la sublimation à travers l'art et l'esprit qui font la beauté de l'être humain. La névrose est irrespirable, mais elle serait le prix à payer pour être un homme. Cette résignation ne concerne pas Freud en particulier, mais exprime le moteur inconscient de la civilisation, c'est-à-dire la castration comme identité de l'homme civilisé. Notre destin en tant qu'humain consisterait à comprendre cette loi d'airain et de s'y soumettre au mieux selon sa singularité. Schopenhauer est le seul, en Occident, ayant posé comme base de son système, le déterminisme du néant. Ce n'est pas un hasard s'il fut le maître à penser de nos compères Freud et Nietzsche. Cependant, suivant en cela le bouddhisme oriental qu'il prend comme référence, il pense que la seule issue aux cycles de souffrance de la vie et de la mort est de suivre le parcours de sainteté qui consiste à se détacher définitivement du monde considéré comme une mise en scène spectaculaire.

C'est là que je bifurque : je ne vais ni dans le sens du pessimisme de l'effondrement et de l'utopie désirable, ni dans le sens de la résignation et du détachement. Je pense que ces modalités

---

3. *Le malaise dans la civilisation*, Sigmund Freud, Edition Point, 2010.

activent le nihilisme, et que c'est précisément en admettant que le nihilisme est le principe de la civilisation que l'on peut sortir des logiques de compromis, *c'est-à-dire en vivant la civilisation non point comme une fatalité mais comme une expérience*. Je me rends parfaitement compte à quel point ma proposition peut sembler catastrophique. J'approfondis tous les jours et avec prudence cette expérience limite. Elle m'aide à retrouver le Mouvement, l'énergie primordiale et le réel.

Il faut donc lire ce livre non point comme un constat désespéré et fataliste, mais au contraire comme un moment de cette expérience. Ce témoignage sur le vif accompagné d'une analyse de la civilisation a comme horizon une ré-union avec le Mouvement. Ce livre est le plan de la forteresse néant avec un chemin pour s'en échapper. Nous ne sommes pas obligés de rester, sortir, détruire ou fortifier le château. Il s'agit, d'une part, de rappeler que celui qui veut sortir des remparts doit connaître la ville et, d'autre part, qu'il existe un espace hors les murs. Un espace immense du nom de Khôra (« énergie indomptable » en grec ancien), dont le château-fort fait partie intégrante, mais qui s'étend bien au-delà du bastion. Cette expérience de la civilisation-forteresse ouvre les chemins de la transmutation, c'est-à-dire de *notre capacité à transformer l'expérience nihiliste en connexion plus intense avec l'existence*. Ce livre étant une propédeutique à la connexion au Mouvement, j'aurai très prochainement le loisir de vous parler de cet espace immense et indomptable du doux nom de Khôra.

Masques : vrai ou faux problème ?

9 mai 2020

Nous discutons à n'en plus finir à propos des masques qui s'imposent dans notre vie quotidienne et perturbent profondément notre lien social. Sous l'afflux d'informations contradictoires, j'ai pu distinguer trois positions : 1) beaucoup pensent qu'ils sont utiles voire indispensables ; 2) d'autres pensent que, utiles ou non, ils sont opportuns politiquement, car ils mettent clairement en lumière la « mauvaise gestion » du gouvernement ; 3) les derniers, enfin, dont je fais partie, mais qu'on entend moins, pensent que les arguments concernant « l'utilité » et « la gestion » de la crise des masques font partie d'un stratagème politique pour dissimuler une escroquerie (l'utilité) sur une escroquerie (la gestion). Quelle genre de gestion le masque sert-il vraiment ?

1) Fin des libertés démocratiques et individuelles
Avant tout, il ne doit pas y avoir « Obligation » de les porter. Ceux qui veulent les porter les portent, ceux qui ne le souhaitent pas n'ont pas à le faire. Il en va de même pour les vaccins. En France, l'État nous a obligé en 2018 à onze vaccins pour les nourrissons. Ils mettent en place un vaccin pour le covid. Au delà du débat toujours en cours sur l'utilité – voire la nocivité – de telles vaccinations, c'est avant tout un scandale démocratique qui anéantit la liberté individuelle de chacun. Pourquoi ceux qui ne souhaitent pas de vaccins ou de masques devraient-il se soumettre à ceux qui le souhaitent ? D'autant plus que ceux qui ne le veulent pas n'obligent pas les autres à le faire ? C'est un sens unique qui est insupportable et remet en question les bases de la démocratie et de la (non)reconnaissance de son rapport à la vie.

2) Militarisation sociale

En nous fixant sur le problème des masques, l'État se fera une joie de nous mettre au pas jusqu'au bout. Il va nous obliger à les porter partout. C'est déjà le cas dans le métro et les écoles. C'est dans la droite ligne de l'obligation numérique de traçage et de confinement. On nous a fait le coup dès 2001, où l'on nous a habitués à des normes de sécurité de plus en plus contraignantes. Depuis Charlie, ça n'a cessé de s'intensifier. Cela s'est avéré inutile pour la lutte contre le terrorisme, mais très performant pour la répression et le contrôle des populations. Tel était l'enjeu. C'est pareil pour la politique sanitaire (masques, gels, distanciation, etc.), qui est faite pour militariser la société civile dès le plus jeune âge. Les mamans et les papas se trouvent dans une situation juste psychotique : beaucoup ne veulent pas envoyer leurs enfants à l'école pour ne pas leur faire subir ces protocoles de sécurité qui rendent fou. Est-ce dément de souhaiter mettre son enfant en bas-âge à l'école, de manière à ne pas vivre 24 h sur 24 les uns sur les autres dans un minuscule espace de 20 m², mais aussi afin de récupérer du temps de travail, et que l'enfant reprenne une vie sociale ?

Maintenant, ironie du sort, beaucoup de parents ne veulent plus envoyer leurs enfants à l'école, non pas à cause de la peur du virus, mais à cause de ces normes traumatiques. Le pire, c'est que beaucoup les réclament. On a déjà réussi à imposer aux gens une manière de se couvrir les mains et le visage avec en prime un matériel de traçage ; aucune religion n'avait oser le rêver. Du pain béni pour le gouvernement, qui utilise la peur pour militariser les comportements, les déplacements et le lien à l'autre.

3) Détournement de l'attention

On nous focalise sur le coût et les mensonges concernant les masques, mais qu'ils soient gratuits ou non, ainsi que les vaccins ou autres, je ne suivrai jamais une telle idée, même si elle fait consensus. C'est viscéral. Cette focalisation est faite exprès pour nous détourner de problèmes plus graves : une stratégie de la terreur qui permet aux gouvernements de se déresponsabiliser et d'accroître la division, en éveillant la méfiance des uns envers les autres, afin de :

• imposer toutes les mesures restrictives et de surveillance, du confinement total à la 5G (reconnaissance faciale), en passant par le braquage des données médicales ;

• en finir avec la protection du travail, les retraites et la sécu en général ;

• avoir la mainmise sur l'économie de tous, de l'épargne (plan du FMI) à la monnaie (plan de l'EU), en passant par la fin des liquidités (plan des banques et des banques centrales).

En conclusion, si le port obligatoire du masque n'a rien d'une évidence sanitaire, le but politique en revanche est clair : remettre en place un nouveau type de servage, tout en détruisant la terre au nom du dieu Profit. Du coup, le problème n'a jamais été aussi évident : il s'agit bien du Capital (libéralisme, marché, etc.), c'est-à-dire d'une politique qui se fonde uniquement sur le profit. On constate que l'État a été fabriqué spécialement par et pour cette oligarchie libérale, qui utilise avec brio la force régalienne des forces armées, exécutives et judiciaires : il lui suffit de contourner ou mieux, de changer les lois, éventuellement la Constitution, pour arriver à leurs fins. Comme l'histoire nous l'a enseigné, rien ne les arrêtera, à part une force de terrain populaire rassemblée et, surtout, non apeurée.

Ce qui me semble positif est que nous pouvons nous appuyer sur le fait que cette force devient planétaire, que beaucoup de gens ont pris conscience de l'entourloupe sanitaire (et libérale) qui tend au totalitarisme, que cela éveille des formes actives de solidarité et d'informations, et qu'enfin il y a une re-politisation qui aidera à penser de nouvelles réalités collectives.

Oui pour se recentrer sur des problèmes de fond devenu plus clairs (qui intègrent toute les facettes dont les masques et la politique sanitaire en général).

Oui pour que les différents groupes se relient entre eux.

Oui pour réinvestir le terrain.

De la respiration confinée

20 mai 2020

Encore empêtrés dans la question des masques… Est-ce par manque de débats de fond que nous restons coincés dans la réclamation de nos propres chaînes ? Certainement. Cependant, pour avoir un débat de fond, il faudrait être calme. Or, le gouvernement continue la politique de sidération, ce qui n'en finit pas de mettre la débâcle au sein des populations. Les masques envahissent et dérèglent notre quotidien dans le métro, le boulot, la conso et même le dodo. Du coup, ce qui peut sembler un débat moins prioritaire, mais qui initie une politique totalitaire, devient un écran envahissant notre vie quotidienne de plus en plus contrainte. La question des masques se rattache à celles plus grandes encore, en l'occurrence la santé et non l'autorité, le débat et non la débâcle, l'option et non l'obligation.

Comme ne cessent d'expliquer Stefano Montanari (nanopathologue)[4] en Italie, qui dénonce avec courage la folie ambiante, Nicole et Gérard Delépine (médecins)[5] en France qui, de leur côté, connaissent sur le bout des doigts l'emprise des industries pharmaceutiques, les masques ne sont pas seulement inutiles, ils sont dangereux. Pourquoi ? Un facteur interne et un facteur externe.

Le facteur interne concerne la respiration. Avec le masque, l'oxygène se renouvelle peu, ce qui ne permet pas aux cellules d'assurer une bonne oxygénation du sang, créant fatigue, stress, et troubles cognitifs. De plus, le masque empêche d'évacuer notre propre dioxyde de carbone, nos champignons, nos virus et nos bactéries que nous… ré-inspirons !

---

4. Vidéo de Stefano Montanari supprimée depuis.
5. 27 mars 2020, L'interview sans filtre des Drs. Nicole et Gérard Delépine.

Le facteur externe concerne l'air ambiant que nous respirons. Celui-ci est rempli de millions de bactéries, virus, parasites et micro-organismes. À cause de l'humidité accumulée créée par la respiration confinée et parce que la cavité buccale est particuliè- rement florissante, le masque va faire proliférer ces éléments, qui vont se coller durablement dessus.

Ces processus augmentent l'acidose et diminue le Ph, favori- sant les maladies, comme le cancer, dont les cellules prolifèrent à partir de ce genre de terrain.

Selon l'énergétique, une barrière artificielle comme le masque oblige la circulation énergétique à tourner sur elle-même. Le souffle n'étant pas renouvelé, il se corrompt lui-même, tandis que la barrière détériore la relation au souffle. En effet, pour co- habiter et vivre avec cette nouvelle contrainte, il faut s'y habituer jusqu'à l'oublier. *On s'anesthésie* alors à ses propres sensations, créant une dissociation d'avec son propre corps, dissociation qui est la mère de toutes les maladies.

Le bon sens, avec un peu d'expérience, arrive de lui-même aux mêmes conclusions : enfermé dans un sac plastique et me respirant moi-même, j'ai du mal à respirer et un sentiment de mal-être. À moins de se vêtir d'une combinaison totale comme en chirurgie, la seule protection qu'apporterait le masque serait contre les postillons des personnes malades. Il suffirait alors de ne pas éternuer ou cracher sur son voisin.

Si l'on voulait vraiment faire barrière aux virus et aux bactéries, sachant que l'air et notre organisme en sont constitués à la base, il faudrait s'arrêter de respirer et... de vivre.

À mesures absurdes, conséquences absurdes : on met un masque dans les voitures alors qu'on conduit seul, on attend des heures pour faire une queue masquée dans les supermar- chés pendant qu'on passe de la javel partout, on cesse de parler tellement on ne comprend rien, on devient anonyme les uns aux autres, on se regarde comme des extra-terrestres, et puis on finit par ne plus se regarder. Certains sont pris de phobie et de panique, on a chaud, on respire mal, on s'étouffe pendant le jogging... Deux enfants meurent en Chine pendant l'exercice physique,[6] etc.

Il devient problématique de réclamer des masques qui nous font du mal. Cette panique, que l'opposition parlementaire a décidé de relayer, favorise la diversion. On focalise sur un produit secondaire et dangereux qu'on nous fait passer pour essentiel et utile, de manière à éviter l'essentiel et l'efficace. C'est la base du marketing : je rends un produit cher ou inaccessible, pour que vous le désiriez, même s'il est nocif. La non-gratuité des masques est parfaite pour canaliser l'attention des masses sur le masque. Coup double : manipulation et profit. On peut s'attendre, le jour où les masques seront gratuits, à une obligation totale qui se paiera en amendes, en contrôles, en mal-être, mais il sera trop tard pour revenir dessus. À force de suivre le rythme du gouvernement, on finit par chanter en choeur avec lui.

Les conséquences de cette focalisation sont que l'on investit moins d'énergie contre une politique libérale en général, une politique hospitalière en particulier et, surtout, on ne pense plus à investir toutes nos énergies dans le cœur du problème : *faire cesser l'état d'urgence, d'exception et de guerre qui permet de faire passer toutes les lois liberticides, de désorganiser la société civile et de mettre la population sous trauma permanent, afin de la soumettre.*

Le résultat du marketing est prévisible : les gens exigent leurs propres chaînes. Aujourd'hui, les masques et les vaccins, demain la dictature et, pourquoi pas, la guerre contre la Chine et la Russie.

---

6. 18 mai 2020, Il Riformista.

La peur nous détourne des vrais problèmes pour nous retourner contre nos propres intérêts. Certes. Elle a pris pour deux raisons : d'une part, parce que nous sommes déconnectés de nous-mêmes et, d'autre part, parce que nous croyons que l'État veut nous protéger. Bien entendu, plus nous sommes déconnectés, plus nous nous en remettons à la Grande Institution.

1) La déconnexion de nous-mêmes, c'est toute l'histoire de l'Occident depuis 1945 : nous nous sommes vautrés dans le confort, la consommation, les dépendances médicamenteuses (drogues comprises) et technologiques, à côté desquelles les aides sociales sont des miettes accordées pour une paix relative. Notre corps s'est transformé en une méduse fatiguée remplit de produits toxiques, et notre esprit saturé ne sait plus distinguer le vrai du faux. Passant dans la psychosphère, nous avons cru, en bons individualistes, tirer notre épingle du jeu en écoutant le chant libéral, alors que les détournements renforçaient une oligarchie et que la terre s'effondrait sous l'exploitation.

2) Dans cette apathie stressante, nous nous en remettons aux « Grands ». L'État veut le bien des citoyens et l'entreprise veut le bien des salariés. Écoutez vos managers, ils savent comment gérer votre vie et, rassurez-vous, l'entreprise vous protège de... l'État. Dans un cas comme dans l'autre, on regarde au sommet de la pyramide, jusqu'au moment où l'on comprend (trop tard le plus souvent) qu'en haut de l'entreprise et de l'État, ils veulent juste profiter du bas. *Dieu n'est pas mort.* Et notre nouveau dieu public-privé n'est pas sympathique, il ne donne pas de masques gratuits, il ne s'occupe pas de la planète, il s'en fout des lois, harcèle, frappe, punit et se ré-élit tous les cinq ans.

Ce virus de la peur va même contaminer le milieu scolaire. L'éducation à la peur commence dès l'école. On aurait pu croire que les parents et les fonctionnaires dénonceraient une politique de militarisation. Non : la plupart estime que cette politique n'est pas assez bien appliquée, pas assez bien « gérée », les protocoles sont mal faits, pas assez rapides. Les moyens sont insuffisants. Plus de sécurité, plus vite, plus fort, plus performant. « Incarcérez nos enfants. » Il n'y a qu'un pas pour que les enfants dénoncent les parents ne portant pas de masques à la maison.

La propagande d'avant 1914 avait très bien manœuvré : il faut instaurer la discipline militaire chez les enfants d'abord. Cela s'est révélé efficace : les mamans ont mis une fleur sur le fusil de leurs fils qui partaient en chantant. Cela semblait de l'histoire ancienne, de la fiction pour un temps barbare et fou. Cent ans plus tard, une crise sanitaire et une avalanche de contraintes, et les habitudes reviennent à une vitesse invraisemblable. La militarisation, c'est le contrôle poussé à l'extrême ; la guerre, c'est la peur et le contrôle poussés à l'extrême. Nous ne sommes plus loin. Nous y sommes déjà. Plus diffuse : un lent étranglement par derrière plutôt qu'une balle dans la tête.

Que faire ? L'information ne suffit pas, on le voit bien. Prendre le problème à la base : se dégager de la peur. Pour y parvenir, il faut travailler sur deux plans :

1) Se reconnecter à son corps, à l'autre, au monde et sortir de l'individualisme. Alors, il devient évident que les mesures sanitaires sont dangereuses pour la santé, mais très efficaces pour la dé-sociabilisation et la re-militarisation.

2) Ne plus compter sur la mansuétude de l'État (et du système des partis) et sur le fonctionnement électoral filtré en amont et aval, mais fédérer les groupes.

Mes amis de Côte d'Ivoire et du Sénégal pleurent de rire devant nos visages masquées : « Dites-nous, petits blancs, quand vous avez une aigreur d'estomac, vous retirez le ventre ? » Ici on dit : « Tuer un moustique avec un bazooka. » On s'est cru les plus civilisés, on devient les plus déconnectés. Combien de temps faudra-t-il pour sortir du faux choix – la sécurité ou la liberté ? –, afin de revenir au vrai : la liberté, c'est le gage de la sécurité. En l'occurrence, être libre de penser, de s'informer, de remettre en question, de s'exprimer, de se déplacer, de manifester, de vacciner ou non, de mettre un masque ou non... Et, surtout, ne pas être obligé à la peur et à devoir haïr son prochain. Être libre de se rassembler et d'agir pour un autre monde. La protection suivra d'elle-même.

Fin de la mascarade

17 juin 2020

Je continue de tirer ici ce qui semble être les derniers fils sur les conséquences et l'origine de l'obligation du port du masque. Le sujet s'épuise et la prochaine saison aura, je l'espère, raison du pseudo-raisonnable. Comme le haut de l'iceberg, le masque est visible partout et par tous, mais il recouvre des conflits antiques et sous-marins. Il fait parti du menu de la folie collective. Il refera surface à chaque moment de crise. Sous cette forme ou d'autres.

Pour comprendre les enjeux qui agissent derrière le mur de papier plastifié, je vous propose de suivre cette descente dans les profondeurs, d'abord à travers un témoignage personnel, puis de l'appuyer par de nouvelles investigations concernant la politique sanitaire, enfin de débattre sur les arguments qui reviennent le plus souvent. De là, il nous sera loisible d'en tirer une expérience personnelle et collective qui nous aidera, la prochaine fois, à ne pas laisser son visage se couvrir de honte sans mot dire, à ne pas considérer son voisin et soi-même comme un ennemi, à ne pas faire de chez soi une mortelle prison. Il s'agit de rejoindre le mouvement subtil du personnel lié au collectif, et non l'oppressant rythme médiatique au service d'une politique meurtrière.

Témoignage

Marseille

Près de Marseille, les plages sont toujours séparées en « dynamique » et « statique ». Notre fille a le malheur d'aller à la mer avec sa maman à une plage dite « dynamique ». Elle s'accroupit sur le sable en observant la petite courir dans l'eau. Une policière sévère surgit derrière les dunes pour lui rappeler qu'elle ne peut rester assise et immobile. En guise d'exemple, elle pointe les joueurs de football qui s'empoignent. La maman pense qu'il n'y a aucune distance de sécurité entre les joueurs et que, à 300 mètres de tous, elle ne risque que de contaminer l'air pur et les vagues. Elle se dit qu'elle devrait se mettre au football. « Que dois-je faire ? » demande la maman. La policière sévère répond : « Sauter sur place. » Ne voulant pas « danser » sous les balles invisibles de la cow-boy, elle prend sa fille et vont sur les rochers un peu plus loin. Nouveau coup de sifflet. Une nouvelle policière, cette fois de loin, lui hurle : « Il n'est pas possible d'être face à la mer en position assise ! » Qui l'eut cru. On a le droit d'être face à la mer debout en faisant des flexions, mais la méditation, ce sera pile en face de la police, au cas où vous auriez de mauvaises pensées. La maman rentre chez elle complètement déboussolée. Plus que l'injonction contradictoire, voici l'injonction démente. Une course à l'absurde qui révèle la capacité de folie du système. Une folie en roue libre, qui coûte la vie à beaucoup, et l'esprit à la plupart.

Paris

Dans le même ce temps, j'arrive sur Paris. J'y découvre un métro à moitié déserté parcouru de zombies masqués, mais bien disciplinés. Le train fait un freinage brusque. Une vieille dame perd l'équilibre. À cet âge, une rupture du col du fémur peut être mortelle. *Instinctivement*, je la retiens. De justesse, la chute est évitée. Elle me regarde. Ses yeux s'écarquillent de terreur : je n'avais pas de masque et mes mains retenaient son bras et son épaule. Elle hurle : « Mais... vous m'avez touchée ! » Je suis tellement surpris que je reste interdit. Je sors immédiatement du wagon pour prendre l'air. En remontant à la surface, je croise un vieux monsieur qui descend les escaliers tout en ajustant son masque. Il cherche sa bouche, mais ne trouve que ses yeux. Il ne voit plus rien. Il est branlant sur les marches de béton. Je regarde à terre, bouche mes oreilles, monte les marches trois à trois en priant qu'il ne tombe pas ; ça y est, je suis contaminé.

Turin

Toujours dans le même temps, mais du côté italien, mon amie me raconte son retour en ville par le train. Son masque est mal mis. Les voisins se lèvent pour lui intimer de bien le coincer sur le nez. Elle tente d'expliquer qu'elle fait des allergies. Les voisins outrés, ils appellent les contrôleurs, qui, pour le coup, tentent de minimiser l'affaire. Rien n'y fait : elle fera le voyage seule, dans le sas, entre deux portes.

Arrivée à Turin ! Les amis ne veulent pas la prendre dans les bras. Ils attendent qu'elle soit mise en quarantaine. Elle va faire le test sérologique, qui n'a rien à voir avec celui que l'on fait en France. À croire que chaque pays a son virus particulier, avec la norme qui l'arrange. La médecin lui annonce que la maladie devait être forte, car elle a créé une énorme quantité d'anticorps. Elle ajoute : « Surtout, ne dites rien à personne ! » Elle fait l'expérience d'un nouveau statut : pestiférée.

Je me rappelle alors que nous avions tous pris un covid bien costaud dès janvier à l'hôpital à Paris. Pourtant, nous étions toujours rigoureusement masqués, gantés, les mains « purifiées » par le gel hydroalcoolique et même avec une charlotte pour entrer dans la chambre de la malade.

Investigation

Gants et gel. Après avoir testé les dociles cobayes que nous sommes, l'OMS peut affirmer, ce 9 juin, que « l'usage des gants répand l'épidémie par auto-contamination et transmission ».[7]

_____
7. Vidéo supprimée.

Cette information est importante, car, à Milan, le port des gants est également obligatoire. Le rapport continue : avec le gel hydroalcoolique utilisé en excès, « on empêche nos bactéries d'interagir avec l'environnement et on ne laisse pas le système immunitaire faire son travail. »[8]

Masques

Ça va plus loin. Les associations italiennes refusent l'obligation du masque pour les enfants. Ils opposent à la très sérieuse Fimp (Fédération italienne des médecins pédiatres), les analyses de l'OMS et celles d'imminents virologues comme S. Montanari. Je traduis quelques passages de l'article :

> Les études épidémiologiques montrent que les enfants constituent la catégorie de personnes présentant le moins de risques pour le Covid-19. En Italie, les données officielles publiées par l'Istituto Superiore di Sanità (et mises à jour au 20 mai) indiquent que sur 227 204 cas au total, il y a 1 851 cas d'enfants (0-9 ans), soit 0,8 %, et 312 cas d'enfants (10-19), soit 1,5 %.

> En ce qui concerne l'utilisation de masques, l'OMS elle-même signale certains risques potentiels liés à leur utilisation, tels que l'auto-contamination, des difficultés respiratoires potentielles et un *faux sentiment de sécurité*, conduisant à une éventuelle réduction du respect d'autres mesures préventives.

> L'utilisation correcte des masques prévoit également une série de manœuvres difficiles à mettre en œuvre par des enfants. Il y a donc un risque réel que le masque de sécurité se transforme en dangereux véhicule de contagion.

> Quand on expire, on émet du dioxyde de carbone, on émet de la vapeur qui baigne le masque, avec la possibilité qu'il

---

8. *Ibid*.

devienne un réceptacle concentré de virus, bactéries, champignons, parasites, en contact direct avec les voies respiratoires.

Dans une étude publiée dans le *Repository* di *Epidemiologia e Prevenzione*, revue destinée aux médecins épidémiologiques, le Dr Alberto Donzelli, spécialiste en hygiène et médecine préventive, souligne que « [...] chez les sujets infectés inconscients, où la dissémination de virus est maximale dans les deux jours précédant les symptômes, le masque oblige à une re-circulation respiratoire continue de ses virus, en ajoutant la résistance à l'exhalaison, avec le risque réel de pousser en profondeur dans les alvéoles une charge virale élevée, qui pouvait être vaincue par les défenses innées si elle avait seulement affecté les voies respiratoires supérieures.[9]

Asymptomatiques, personnes fragilisées
D'autres vérités plus dérangeantes apparaissent peu à peu. Par exemple, les asymptomatiques n'étant probablement pas porteurs,[10] cela aurait pour conséquences que les rassemblements ne seraient pas contaminants, que les enfants ne seraient pas des dangers, que nous aurions pu aller voir grand-père, etc.

Du coup, nous apprenons qu'en Angleterre, des centaines de personnes fragilisées ne se sont pas déplacées pour ne pas contaminer et sont... mortes chez elles.[11]

Confinement
Le Dr Pascal Sacré en conclut que le confinement total a favorisé « l'angoisse, le stress, la solitude, le désespoir, et toutes les maladies chroniques (obésité, diabète, maladies cardiovasculaires

---

9. 1er juin 2020, *La nuova bussola quotidiana*, Paolo Gulisano.
10. Vidéo supprimée.
11. 10 juin 2020, Byoblu.

qui sont la première cause de décès dans le monde, 17,79 millions en 2017 [9]), car la prise en charge de toutes ces maladies est aujourd'hui délaissée […]. Pour ma part, j'ai recensé les témoignages de pas moins de trente experts dans le domaine de la santé, connus mondialement pour certains, qui critiquent les mesures gouvernementales de confinement qui ont été décidées dans les pays comme la Belgique ou la France. »[12]

Le biologiste clinicien chercheur M. Zelmat va dans le même sens dans un article récent en dénonçant le très fameux *Imperial College of London*, qui, pour ceux qui s'en souviennent, avait prédit 500 000 morts en Angleterre), plus enclin à suivre les modèles mathématiques et les intérêts privés que la science. Je vous traduis une partie de la conclusion :

En médecine, on ne connaît que l'isolement et la quarantaine. Le confinement total d'une population (qui n'existe pas en médecine, en épidémiologie, en infectiologie, en santé publique) est non seulement une hérésie, mais, en plus, il ne repose sur aucune preuve scientifique. En médecine, nous ne pouvons pas, et nous n'avons pas le droit, de mettre en place un traitement ou une mesure préventive si elle n'est pas basée sur des preuves (*Evidence Based-Medicine*).[13]

Injections expérimentales

Les Italiens en ont très peur. En effet, une campagne est déjà en cours. Avant d'entrer en quarantaine, mon amie italienne, qui travaille en grande surface, se voit obligée d'assister à une conférence d'« experts » invités par l'entreprise pour faire un cours sur le covid et l'obligation vaccinale. Ne croyez pas que nous serions plus fins : même rengaine en France dans certaines écoles, où les professeurs me parlent avec sidération de ques-

---

12. 28 avril 2020, Mondialisation.ca, Pascal Sacré.
13. 20 mai 2020, SSRN, M. Zelmat.

tionnaires pour les enfants qui doivent apprendre les bases du covid et comprendre que le vaccin sera bon pour eux. Le professeur Stefano Montanari, parmi tant d'autres, est toujours catégorique : « Le nombre de morts par le coronavirus est bas et tous les autres décès sont dus à d'autres pathologies [...]. Si nous devions tester toute la population en Italie, nous constaterions que la moitié a réagi positivement au virus, car ce dernier a développé un anticorps naturel et tout ce qui se dit sur le vaccin, dans ces conditions, est une imposture mondiale, vu que le virus mute de façon tellement rapide qu'on ne pourra pas suivre cette mutation et mettre au point le vaccin nécessaire à chaque fois [...] la vaccination contre les virus à couronne est un gros mensonge des grands groupes pharmaceutiques. Je suis certain qu'ils finiront par imposer ce nouveau vaccin à l'ensemble de la population, ce qui leur permettra d'engranger des milliards de dollars de profit. »[14]

Argumentaire spécieux

Bien que le temps dévoile l'imposture, une série d'arguments revient et reviendra toujours. Concernant l'obligation du port du masque et de la vaccination j'entends souvent : « C'est comme le code de la route : il faut l'imposer à tout le monde. Imaginons un pays où chaque conducteur aurait le choix de suivre ou non les règles du code de la route? » D'abord, il faut rappeler que le corps biologique n'est pas une voiture et que la vie n'est pas une autoroute. Nous pouvons également rappeler, d'une part, qu'il n'y a pas d'obligation à prendre la voiture et, d'autre part, que le code de la route varie selon les époques et les pays. La limite de vitesse est passée récemment de 90 à 80. En Allemagne, il n'y

---

14. 23 mai 2020, Réseau international, Kamel M.

a quasiment pas de limitation de vitesse sur les autoroutes toujours non-payantes, ce qui ne fait pas plus de morts. On oublie que les règles peuvent se nuancer. La loi peut dire 80, 90 ou *no limit*. La loi peut prescrire une obligation totale, varier les critères de vérification, interdire le vaccin (comme pour le ROR aux USA) ou le masque, ou, tout simplement… laisser le choix.

Si vous ajoutez l'industrie pharmaceutiques qui dirige le marché des vaccins et même de celui des masques (puisqu'on n'a jamais obtenu la gratuité), cela donne de quoi réfléchir sur le contenu qu'on aimerait donner à la loi. J'ai un exemple plus personnel qui me laisse encore rêveur : à Cotonou, au Bénin, il n'y a, dans la pratique, aucun code de la route. C'est hallucinant. Les gens et les flux donnent un rythme particulier. En revanche, il faut réapprendre à conduire *sans respecter le code*, sinon vous êtes mort.

J'entends également parler de « couverture vaccinale ». Cet argument, relayé par les néolibéraux des firmes pharmaceutiques, fait partie du discours sur la politique de santé consistant à prétendre qu'il vaut mieux s'occuper de l'éradication improbable d'une maladie que traiter les patients, d'où l'obligation totale, même si elle va à leur encontre. En revanche, la liberté du choix thérapeutique protégée par la loi[15] prend en compte les personnes, n'impose pas les remèdes, solidifie la démocratie, mais n'assure pas de profit de masse, tandis que la couverture totale vise la maladie, impose l'obligation, démonte la démocratie et sert le profit de masse. On est en train de payer les conséquences de cette manière de penser. Rappelons que se rendre en Afrique subsaharienne nécessite de se faire vacciner contre la fièvre jaune et les hépatites, sans qu'il soit demandé à tous les habitants de se faire vacciner, vaccination et confinement que certains pays commencent d'ailleurs à refuser.[16]

---

15. 5 novembre 2017, Le club de Médiapart, Hélène Ecochard.
16. Vidéo supprimée.

En revanche, on touche à l'absurde pour le masque, car les virus sont de l'ordre du nanomètre : une matière qui laisse passer l'air ne filtre aucun virus. Il protège des postillons. Certes. Maigre protection. Postillonnez-vous toujours à la face de votre voisin ? Et même, lui parlez-vous ?

Le problème de l'argument « la limite de la liberté individuelle s'arrête où elle peut nuire à autrui », est qu'il n'a justement... aucune limite. On peut aussi bien dire, « porte un masque pour ne pas me nuire » que « tu m'obliges à porter un masque qui me nuit ». Nous entrons dans une logique binaire qui oublie la nuance de l'entre-deux démocratique : « Mets un masque si tu le souhaites, mais n'oblige pas l'autre à le faire. » Nous approchons du nœud du problème.

Vrais enjeux

La loi

On a confondu « démocratie » avec « obligation pour une fausse protection ». Dans tous les cas que j'ai cités, on a substitué une sécurité (illusoire) à la liberté. L'obligation s'étant substituée au choix, c'est la logique des conflits binaires qui prend le commandement : pour ou contre les masques, pour ou contre les vaccins, pour ou contre les traitements...

On fait de la loi un absolu, un grand inquisiteur qui doit s'appliquer à tout le monde de la même manière. On oublie le sens de la loi et de la démocratie, qui veut que leur forme évolue selon les temps, les circonstances, les territoires... La terreur du virus nous rend totalitaire. Il n'y a plus de place pour la nuance, la singularité, le doute, la lisibilité, la sociabilité. On va accuser d'irresponsable celui qui doute et voudrait prendre du recul, de meurtrier celui ou celle qui voudrait maintenir de la liberté. Résultats de cette atmosphère de mort :

– 70 % des appels passés à la police pendant le confinement étaient des délations,[17] et les lois antisociales et scélérates continuent bon train ;

– la police continuera d'être protégée devenant progressivement une milice privée ;

– on reporte sur la responsabilité individuelle une responsabilité d'État qui ne s'occupe pas de la santé des citoyens ;

– on monopolise l'attention sur le problème des masques pour détourner d'un désastre beaucoup plus ample et ancien, mais c'est la seule *illusion de contrôle* qu'on nous laisse. Dans la dé-règlementation sociale et scientifique, nous nous accrochons, perdus et aveuglés, à l'illusion de contrôle comme le naufragé à son radeau.

On nous a éduqués au sens de la loi comme absolu, mais pour qu'il soit pris au sérieux dorénavant, il doit contenir le *discours de la vérité scientifique*. « La science a dit, donc c'est vrai. » Ajoutez la pression des médias et cela devient : « donc c'est absolument vrai ». Et si, au fil du temps, vous doutez, la police est là. Trop tard. Restez chez vous ou prenez une prune. Quand la légitimité de l'État de droit ne suffit plus, la loi a recours à la répression.

L'État

Cependant, au-dessus de la loi, de la science, des médias et de la police, il y a l'État. C'est lui qui a déclaré qu'il fallait une loi intransigeante, que le virus mettait l'humanité en péril, que les comités scientifiques valaient mieux que tout notre bon sens, que les médias devaient mettre le paquet et la police cogner comme elle voulait. Voici le nœud : qui a décidé d'obéir ? Qui a fait confiance à l'État, la loi, la science, les médias, la police ? Qui a donné son consentement ?

---

17. 16 avril 2020, vidéo supprimée.

Nous

Nous clamons que « nos vies valent plus que leurs profits ». Nous savons que BlackRock et l'OMS ne s'occupent pas de notre santé. Nous savons que la gestion libérale tue des milliers de personnes chaque jour. Nous savons, avec un peu d'efforts, qu'un masque en papier plastifié ne sert à rien, qu'il faudrait un autre genre de protection pour le personnel hospitalier autrement plus efficace, plus de moyens pour accueillir tout le monde, plus d'intelligence pour une autre vision et moins de conflits d'intérêts. Nous savons que la société civile n'a pas à être un hôpital militaire à ciel ouvert. Nous savons.

Pourtant, notre docilité n'a pas de limite. En nous mettant des masques qui couvrent presque l'intégralité de notre face, nous avons commencé à voir le *visage de notre nouvelle religion* : égalité et parité dans le conformisme de la peur, infantilisation, muselière des esclaves, prohibition antique du toucher, interdiction de se rassembler. Chacun ayant peur de chacun, personne ne se retourne contre la bête qui a instigué le processus. *Ce processus hors de nous qui s'appelle l'État, le Capital et la Loi. Ce processus en nous qui s'appelle « obéissance et docilité ». L'un ne va pas sans l'autre.*

L'obligation du port du masque est l'un des symptômes d'une maladie terrible : celle de la confiance dans les institutions, de la croyance en la nécessité d'un ordre transcendant étatique, juridique, scientifique, policier, etc. *Nous avons perdu confiance en nous-mêmes.* Nous nous sommes oubliés. Nous ne savons plus écouter notre corps, les signes fous d'une société, l'empathie envers l'autre et le monde. Nous allons chercher confiance et protection chez ceux et celles qui ne nous la donneront jamais et ripaillent de notre ingénuité.

Faire lien avec les événements actuels

Les violences policières : il était temps de les dénoncer ! Faut-il rappeler que la police obéit à des ordres donnés par un État, qu'elle est le bras armé d'une tête qui ordonne ? Les violences policières sont avant tout une *violence d'État.* Espérons que ce soit un moment propice pour reconnaître la violence de la domination qui s'exerce dans chaque partie de la société. Espérons que cela amènera à dépasser la sectorisation des violences entre les races, les genres, dans le travail, selon les territoires, etc. Espérons que cela ne s'échouera pas dans les faux débats politiques qui alimentent le fond de commerce des partis de droite comme de gauche. Espérons que nous parviendrons à nous solidifier autour du dénominateur commun qu'est la précarité. Espérons que cela contribuera à une nouvelle forme de résistance et non à un autre succès de diversion politique, car nous connaissons bien la valse démocratique en trois temps : 1) Les absurdités concernant le confinement apparaissent de plus en plus criantes, les « révélations » commencent à émerger, mais *après coup.* Reconnaître (un peu) le mal quand le moment de réagir est passé, lorsque le mal est fait. 2) Créer une diversion pour détourner l'attention populaire. On attend un peu, on fait semblant de laisser parler, d'écouter et d'être d'accord. 3) Laisser pourrir, jouer du statu quo et de la saturation, diviser et *reprendre comme avant mais en pire.* Le tour est joué : on a chassé un problème par un autre, *une peur par une autre.* L'indépendance personnelle et collective est une question de rythme. À chacun et à tous de suivre son rythme et non de se laisser imposer le rythme des médias.

Or, la crise du covid a fait une rupture de rythme. Elle nous a mis brutalement face à notre réel politique, humain et de civilisation, face à notre asservissement volontaire. Nous ne sommes pas prêts. *Pas prêts à désobéir pour se rencontrer soi-même.* Pour rencontrer l'autre et le monde. Nous ne sommes pas prêts à retirer notre confiance en la loi, en l'État, au discours dominant, en l'ordre. La transcendance persiste. Le maître veille. Il change de forme. On s'est attaqué au corps, on a misé sur la peur de la mort et de la maladie, on a éveillé nos pathologies les plus profondes. Nous sommes restés aux balcons avec nos casseroles. La raison, la rationalité, l'information ont bien peu à voir avec le déclenchement de la désobéissance profonde ; sinon, nous n'en serions pas là. Il y a un déplacement imprévisible, improbable, hors statistique qui doit s'opérer et sur lequel *personne n'a de prise*.

Le scandale des masques n'est pas seulement une affaire de profit, mais la pointe de l'iceberg d'un imbroglio de faux problèmes et de compromissions collectives et personnelles. « Fin de la mascarade » s'adresse à la duperie circulaire entre la loi, les institutions et nous-mêmes. Ne passons pas à côté de cet état des lieux assourdissant. Arrêtons de nous raconter des histoires et partons de là où nous sommes. C'est au fond du noir face à notre réel que se trouvent les forces du renouveau. Alors, nous pourrons vivre les joies d'une plus juste cadence.

No pasaran!

17 juillet 2020

Nous avons tous compris au moins une chose : la peur est mauvaise conseillère. Or, le gouvernement continue de s'appuyer sur le système de la peur. Poursuivant l'intimidation, il organise la terreur pour écraser les nations, les individus et les peuples. Au tour des enfants. Contaminer leur cœur et leur tête. Goutte d'eau de trop ? Après un temps où les collectifs se sont enfermés dans une sorte de routine, c'est un nouveau moment qui nous est offert. Ne le ratons pas ce moment qui peut tout faire basculer.

Mettons un frein à la stratégie de destruction ourdie par l'État : délation, division, désignation d'un ennemi. N'est-ce pas un crime contre la nation de monter les Français les uns contre les autres ? Un crime contre les peuples de diviser le peuple en lui-même et les peuples entre eux ? Un crime contre l'humanité de s'appuyer sur la guerre, la haine et les pires tendances de l'homme ?

Que faire ? Deux lignes de force et six actions se dégagent.

Deux lignes de force

1) Comprendre le réel

Souvenez-vous : « La retraite, on n'y touchera pas. » Comme à son habitude, le président E. Macron applique son inversion rhétorique de manière méthodique. « Le vaccin, comme tout médicament, peut être le remède, mais aussi le poison », « ne pas croire à la vaccination obligatoire », « on ne répond pas à la défiance par l'obligation ». Fidèle à lui-même, il répand le poison, il fait d'une croyance un dogme, il répond à la défiance par l'obligation. La face du président semble se confondre avec celle de son préfet Lallement. Nous sommes passés du soft power de la guerre économique au hard power de la guerre civile. Le voile tombe. Il ne s'agit pas d'une crise sanitaire : le rythme ne dépend pas des variants, mais de l'invariabilité d'un projet ultralibéral. Le voile tombe. Nous sommes en guerre. Oui. Un virus instrumentalisé pour imposer le pire du monde marchand, des Gafam, de la haute finance, de la dictature, du progrès morbide de l'amélioration de l'humain et de la nature.

2) Entrer dans le réel

Ce projet ne peut aboutir qu'avec la soumission des peuples. Ôter toutes libertés individuelles et collectives. Il est temps de s'associer. Chacun le fera comme il le souhaite : créer un front d'opposition, une résistance, une alliance des différentes fractions du peuple. Il ne s'agit pas de nier les divergences de chacun et de chaque collectif. Au contraire, il faut les préciser, les affirmer. *L'association sera d'autant plus puissante qu'elle sera diversifiée.* Malgré nos divergences, nous nous sommes unis sans nous perdre. Quelle conscience, quelle beauté ! Cela ne vous rappelle-t-il rien ? Qui oserait taxer de « complotiste-négationniste-d'extrême-droite » la glorieuse résistance qui s'est organisée sur le sol de l'Europe ?

Six actions

C'est en agissant sur tous les plans à la fois que le pouvoir reculera. Pas besoin de se coordonner : il suffit d'agir. L'organisation suivra d'elle-même. Les Gilets jaunes savent de quoi je parle. On a appelé cette magie : « Le mouvement organique du peuple », « l'intelligence collective » ou encore, « l'étincelle ».

1) Droit

Malgré les efforts de la propagande, la loi est de notre côté. Au niveau constitutionnel. Au niveau de la hiérarchie des normes (la Constitution prévaut sur les traités, les lois et les décrets). Au niveau des décisions du Conseil de l'Europe (la non-obligation du masque et des mesures sanitaires), la loi Kouchner du 4 mars 2002 (« aucun acte médical ni aucun traitement ne peut être pratiqué sans le consentement libre et éclairé de la personne et ce consentement peut être retiré à tout moment »[18]), le Code de Nuremberg (« le consentement du sujet humain est absolument essentiel »). La liste est longue. « L'autonomie personnelle », concept fondateur de la Cour européenne des droits de l'Homme, ne peut être remise en cause qu'en cas avéré de danger de mort. Est-ce le cas ? Un article du Dalloz[19] nous rappelle que « dans un État de droit, la liberté doit rester la règle et la restriction de police l'exception ».

Pour évaluer le danger d'une épidémie, il faut s'appuyer sur le principe de proportionnalité, qui va avec celui de précaution. Or, il est démontré qu'aucun de ces principes n'est respecté. En effet, le principe de proportionnalité s'établit notamment en prenant en compte les véritables causes de décès et par les comparaisons épidémiologiques.

2) Numérique

C'est le moment de signer les pétitions, de sortir du silence pour affirmer ses positions personnelles, d'envoyer des mails aux institutions. Saturons les serveurs. Pour les gouvernements gangrenés d'agences de com', les réseaux sociaux sont une des régions pour prendre la température. Si leur projet est déjà bien plié et empaqueté, son application dépend de la réaction des

18. Article L1111-4 du Code de la santé publique.
19. 23 septembre 2020 Dalloz actualité Tribune de juristes.

citoyens. C'est le moment de faire chauffer le baromètre jusqu'à ce que les satellites qui abîment le ciel ne puissent reprendre la barre du bateau fantôme qui voudrait que le monde s'échoue dans le projet.

3) Réel

Une fois accomplie notre participation juridique et numérique, on sort de chez soi ! Un pas dehors, un pas pour rejoindre les autres. Ces collectifs, qui se sont constitués sur le tas, sur le terrain, allons les rejoindre selon nos goûts et nos couleurs. Développons nos antennes, rejoignons les antennes collectives du réel. Mes chers lecteurs, il est temps de quitter les lieux du web pour faire et refaire un rond-point à vocation internationale.

4) Boycottage

Ces sorties d'un tour nouveau impliquent un choix draconien : boycottons les établissements, les lieux, les événements, les entreprises qui adoptent le pass sanitaire. Soutenons ceux qui le refusent. À Berlin et à Turin, des commerçants sont restés ouverts pendant le confinement, malgré les milliers d'euros d'amende et les descentes d'huissiers. Hier rabaissés, aujourd'hui acclamés.

5) Manifestations

Nous allons redonner du sens aux manifestations. Les manifestations seules sont dangereuses, voire contre-productives. Prises dans cet ensemble, elles deviennent la partie visible de la résistance : nous sommes encore là. Et nous savons à quel point les gouvernements ont peur de cette présence physique, aujourd'hui qu'ils cherchent à mettre en demeure devant un écran, nous et nos enfants. Si on ne souhaite pas s'y rendre, ce qui se comprend, – alors il faut soutenir les manifestants. Soutenir leur courage, soutenir leur présence ! Et n'oubliez pas : les chiffres de BFM sont manipulés.

6) Fédération

Faire appel aux travailleurs. Profitant de la multiplication des chômeurs et de la menace sanitaire, les syndicats ont corseté, censuré, voire menacé les travailleurs. Fonctionnaires d'État, libres entrepreneurs, employés d'entreprises, précaires : tous subissent la violence plus ou moins sourde de l'État et des syndicats. Les soignants sont parmi les premiers visés aujourd'hui. On sait qu'il nous faut les défendre coûte que coûte. Nous formons une société consistante : si l'un tombe, les autres suivent. Les syndicats se brisent sous la poussée des syndiqués. La corruption ne peut plus se cacher sous la colère des travailleurs et des précaires. Soutenons-les et pensons d'ores et déjà à recréer nos syndicats et nos prochaines activités.

*

L'égalité, la liberté, la fraternité ne sont pas des prés carrés de la gauche ou de la droite. Ce sont les bases de la vie des peuples. Rendons à ces mots leur sens concret dépassant de loin toute devise et toute république.

À samedi, donc ! En présentiel, en réel, en chair et en os, bref : en vrai !

Se déplacer en 2020

18 septembre 2020

Le journalisme étant particulièrement corrompu et les réseaux sociaux ayant tendance à remplacer la réalité, les témoignages directs deviennent indispensables. Seul le vécu donne l'énergie, assure l'orientation dans la recherche et maintient le bon sens. Si la science nous disait aujourd'hui qu'il faut marcher avec des boulets pour éviter le virus, il est fort possible qu'on finisse par réclamer des chaînes gratuites.

À ce propos, je rappellerai le conte d'Andersen *Les habits neufs du roi*. Deux escrocs prétendent tisser une étoffe qui possède l'étonnante propriété « d'être invisible aux yeux de ceux qui ne conviennent pas à leurs fonctions ou qui sont simplement idiots ». Le roi commande la précieuse étoffe aux deux escrocs, qui se mettent à faire semblant de tisser. Le roi se présente nu devant ses fonctionnaires qui, avertis des propriétés de l'étoffe, s'extasient à la vue du vêtement. La même aventure arrive au roi lui-même, qui n'ose dire qu'il ne peut rien voir. Le jour de la procession publique, chacun fait semblant de voir, craignant que l'on ne remarque qu'il ne peut rien voir, jusqu'à ce qu'un petit enfant crie : « Mais le roi est nu ! »

Cri qui défait l'imposture, fait tomber les masques, révèle les choses telles qu'elles sont. Notre raison alliée à notre peur sont terrifiées à l'idée d'admettre une situation sanitaire aussi absurde que criminelle. Mais, à la feinte envers soi-même et envers les autres, l'enfant (ou le peuple éveillé) préfère voir et dire, quitte à être seul contre tous. C'est le courage du bon sens. N'ayons plus peur de voir le réel et de transmettre ce que nous voyons. Sortons, écrivons, échangeons, pensons, agissons jusqu'à que, comme à la fin du conte, le cri de l'enfant soit repris en chœur par la foule.

*

Turin

Ayant des affaires familiales à Turin, je dois me rendre régulière-ment en Italie. Ces allers-retours me permettent par ailleurs d'être proche de la réalité italienne. J'ai ainsi la possibilité de comparer plusieurs situations et de récupérer des informations de première main auprès de personnes très actives. Dans le train de Paris vers Turin, je rencontre trois jeunes Italiens vivant à Milan. Travail-lant dans le multimédia, ils me racontent que se rendant sur Paris pour leur premier gros contrat, ils ont dû rebrousser chemin, car une personne chez leur client parisien était suspectée positive au covid. « Nous avons dû descendre à mi-parcours et sauter dans le prochain train pour rentrer chez nous. » C'est donc dans ce train vers l'Italie qu'ils me racontent à chaud leur fin du contrat. Ils sont dépités. Nous faisons le même constat quant à l'absur-dité de la situation sanitaire. Notre rapport au masque est com-pliqué : nous le touchons, nous le mettons mal, nous le mettons bien, nous l'enlevons, nous le remettons, nous ne nous enten-dons pas, nous nous endormons mal... Gérant les contradictions de la folie de manière la plus correcte possible, nos sourires gê-nés se transforment en grimaces.

Le contrôleur fait du zèle. À moins que ce ne soit une directive. Rapide et régulier, il passe toutes les vingt minutes : « Mettez votre bien votre masque sur le nez et la bouche... le nez et la bouche ! » À chaque passage, il sue de plus en plus. Ses yeux sont rouges. Il a du mal à respirer. Nous serions pris de compassion s'il ne menaçait de verbalisation. Sa frustration se décharge sur autrui. Il augmente la cadence. La contrainte imposée nous rend agressif les uns envers les autres. Nous ne nous posons même plus la question de la justesse de la contrainte. Nous nous soumettons et subissons. Et si l'autre ne se soumet pas et ne subit pas, c'est injuste. Le stratagème fonctionne bien : moi, j'en bave, il est juste que toi tu en baves aussi. À l'union collective pour une meilleure santé, se substitue la division hostile au nom d'une égalité fondée sur la frustration ; à gauche, ils appellent cela « solidarité ». Et quand cette éducation citoyenne à la frustration est faite d'incohérences, de contradictions et de nuisances physiques, il n'est pas difficile d'imaginer les herbes amères qui pousseront sur ce terrain de haine.

La douane française passe. Les deux noirs du wagon sont contrôlés : papiers, bagages ouverts, descente forcée du train, etc. Mes voisins italiens et moi-même sommes choqués de cette violence. Manque de chance, ma valise est un peu perdue sur le rack à bagage du wagon. « À qui est cette valise ? » Je me lève. J'avais l'air fatigué et plutôt métèque avec ma barbe de cinq jours, donc… Papiers, bagages ouverts, descente forcée du train, questions : « Où allez-vous ? D'où venez-vous ? Combien de temps restez-vous à l'arrivée ? Combien de temps êtes-vous resté au départ ? Combien de fois par mois ? Dans quel but ? Que faites-vous dans la vie ? » Je réponds un peu machinalement, mais c'est à ce moment, au fond de ma valise, que la policière découvre le chapeau à fleurs de ma petite fille. Arrêt soudain. Coup d'œil à son collègue. Nouvelle batterie de questions : « Ça vient d'où, ça ? C'est pourquoi ? Pour qui ? » Hypnotisé par le rythme, je commence à répondre, mais je me reprends :

– Ça suffit ! Vous êtes intrusifs. Que cherchez-vous, à la fin !?

– Quand on a rien à cacher, on répond !

– Ce n'est pas une question de cacher, c'est une question de surveillance. Cela vous plairait d'avoir quelqu'un qui vous surveille tout le temps ? Vous voyez l'atmosphère ? Ce n'est pas une question de dissimulation, mais d'intrusion permanente dans notre intimité.

N'ayant pas pensé à ça, il fait une pause :

– Bon, on va y aller directement : avez-vous de la drogue, des armes, des objets contondants ?

– Ah... là, au moins, ça a du sens... même si c'est encore un prétexte... Non, désolé... je ne transporte pas ce genre de produit... Mais si je suis suspect, c'est apparemment à cause de ma valise ? Pourquoi ma valise ?

– Mmmh... parce qu'elle est bleue. J'aime bien le bleu. C'est arbitraire... ahahah...

– L'arbitraire, c'est la base de la dictature, Monsieur.

Il refait une pause. Toutefois, avant qu'il ne sorte de nouveau une observation pleine de « finesse », sa collègue, qui voit le tour ridicule que prend la conversation et ne considère plus le chapeau de ma fille comme la preuve pour incarcérer un psychopathe en cavale, me répond, un peu embarrassée : « Vous pouvez juste dire : rien à déclarer. » On me rend mon barda sans plus mot dire et je retourne à ma place. Je rapporte cet échange à mes voisins qui prennent le parti d'en rire. Un peu trop visiblement, car une dame très convenue vient leur signaler sur un ton poli mais tendu : « On peut rire, mais riez doucement. Merci. » Pas le temps de reprendre son souffle qu'une voix nous annonce en plusieurs langues : « Mesdames et messieurs, des agents de contrôle vont passer pour prendre la température du corps. » Une minute après, de nouveaux contrôleurs déboulent avec des thermomètres en forme de pistolet. Et clic sur ton front : vert, tu restes, rouge, tu descends, tu vas en isolement. Au moment du clic, je fais mine de prendre une balle dans la tête. Une voisine se met à rire. Le contrôleur la regarde avec sévérité. Silence.

Frontière Italie / France

Après quelque temps à Turin, retour à Paris par train. Nous passons la frontière. Je me remets à écrire. Cela recommence. Cette fois, on distribue des « auto-déclarations d'attestation covid-19 », qui reprennent en gros les questions de la douane, mais par écrit. Je continue d'halluciner. Cela me rappelle les *Ausweis*. Je fais profil bas : je dois rejoindre Turin à tous prix. Manque de chance, je n'ai pas de stylo pour remplir le formulaire. J'en demande un au contrôleur italien : « On ne passe pas les stylos : ce sont des agents de contamination. Veuillez télécharger le code sur la table. » Je cherche désespérément un stylo, car je ne souhaite pas entrer dans la base de données du ministère de la Santé et de la SNCF. Et pour cause : mon amie est en quarantaine depuis dix jours. En entrant en Italie, il y a obligation de faire le test pour reprendre son travail, mais il faut attendre le résultat pendant des semaines, en isolement chez soi. En revanche, le passage des données sanitaires entre les ministères et les banques est instantané : quand elle a voulu prendre de l'argent au guichet, l'employée lui annonce : « Je vois que vous n'avez pas encore le test. Pas de test, pas d'argent. Veuillez rentrer chez vous, merci. » À ce rythme-là, on a des chances de surpasser les Chinois dans le gardiennage.

Un autre contrôleur... je retente le coup : « Un stylo, s'il vous plaît ? – Oui, tenez, mais il s'appelle revient. » Tandis que je remplis le formulaire, une autre contrôleuse me demande de bien ajuster le masque. C'est difficile de se concentrer dans ces conditions. Nouveau contrôle de température. N'ayant pas vu le pistolet qui s'approche, je sursaute. Cette fois le contrôleur ne peut retenir un rire. Je rends le papier. Il faut le refaire, car l'écriture doit être absolument lisible. La contrôleuse repasse et me lance d'une voix glaciale : « Remettez le masque. À la troisième fois... » Une pause, elle aussi... « Je vous verbalise ! » Je suis rassuré : elle aurait pu me dire « Je vous envoie au goulag. » Avec mes voisins, nous n'osons même plus nous parler. Néanmoins, nous échangeons au moment de sortir nos coordonnées en sous-main, comme si c'était le code secret du débarquement en Normandie.

Je vais remercier chaudement le contrôleur pour avoir osé me prêter son stylo. Il ne comprend pas bien : « Ah oui, c'est aberrant, les gens ne rendent jamais les stylos. » Je lui précise qu'il ne s'agit pas du stylo, mais du fait qu'il n'a pas eu peur d'être contaminé par le stylo (Père Ubu, au secours !). Autant atterré que survolté, je lui raconte que j'ai vécu ce genre de contrôle seulement à Cuba pendant la dictature. Il me scrute. Il observe prudemment autour de lui. Et là, l'incroyable se produit : il ôte son masque. Il me présente son coude en guise de salut de reconnaissance. Nous nous faisons un « coude à coude ». Il prend son stylo et me fait un clin d'œil entendu.

Paris

J'entre dans le métro parisien. Une odeur forte mais connue m'agresse. Je manque de vomir. J'essaye de la reconnaitre... mais oui, c'est le nouveau parfum à la mode... le parfum de l'hygiène... le parfum de la maniaquerie obligée : le gel hydroalcoolique ! Dans le wagon, je rencontre les deux noirs du train. Nous échangeons sur la psychose ambiante. Pour eux, le port du masque est comme un contrôle de plus parmi tant d'autres. Ils ont l'air résigné. En fait, ils sont discrets : au moment de sortir, nous levons ensemble le poing noir de la colère et de la liberté. Cela fait du bien. Je sors de la gare. Peu de personnes portent un masque. J'apprendrai plus tard que, dans le même temps à Turin, il n'y a plus d'obligation de port du masque. Les dissonances cognitives accompagnent les dissonances territoriales C'est déboussolant, car, à Paris, lorsque tu es assis pour prendre un verre, le virus est immobilisé par un cercle magique d'incantation du nom de « consommation » ; mais, au moment où tu te lèves, le cercle magique se brise. Le virus diabolique déferle du haut du ciel, s'abat comme un fléau et transforme le riverain en un démon antisocial prêt à entretenir la malédiction de l'irresponsabilité citoyenne. Avec des mots scientifiques et sur le ton calme de l'apocalypse permanente, c'est ce que nous décrivent les médecins-apôtres de l'Église-Capital. Quant au fléau, il est plus connu de nous : « Eh, vous, là ! Vous avez mal mis votre masque : 135 €. »

Donc à Paris, rien à signaler : tout pareil. Sauf que les gens ont déjà téléchargé l'application du formulaire Covid-19. Je commence à m'habituer. Une longue bataille, peut-être la plus difficile, commence : celle avec moi-même. Comment ne pas se conformer à l'étouffement ? Soutenir le refus de la contrainte folle ? Soutenir la vie tout court ?

La civilisation nous fait entrer dans une logique où se perdent le corps donc la tête. Nous nous mettons un torchon sur le visage, nous respirons notre merde et nous marchons sur la tête. Ne pas perdre pied. Ne pas céder à la dictature du nombre. Dictature courante, soumission intégrée, « banalité du mal ». Au sein d'une civilisation fondée sur l'ennemi, la liberté individuelle est vite rattrapée et coupée. A-t-elle même encore un sens ? Peut-être n'a-t-elle jamais existé qu'en relation avec notre degré de servitude ?

Contribution à une nouvelle résistance (1)

Les Gilets jaunes ont jeté les bases des prochaines résistances

8 octobre 2020

La dépression collective due à la crise du covid a au moins trois mérites. Le premier est de renouer avec le collectif. Nous étions des individus hostiles au groupe, nous réalisons que nous formons un groupe dont tous les individus sont également affectés. Lorsque le moi est fort, il tourne autour de lui-même ; lorsqu'il est faible, il est forcé d'admettre qu'il dépend d'un tout. La chute collective permet précisément de réaliser qu'il y a un collectif. Le deuxième mérite est de se mettre au fait que nous sommes un peuple affecté par les déterminations d'un système capitaliste. Le déni et la mauvaise foi préservés par le confort ne tiennent plus : il existe bel et bien un système de profit qui ne nous veut pas du bien. Le troisième mérite est de l'ordre de la vexation narcissique. Le mépris envers la masse avec le sentiment d'être au-dessus s'est évanoui en un décret : et hop, garde-à-vous ! Nous devenons aussi performants qu'une masse de moutons, sinon mieux. L'individu essaye de digérer qu'il est un fétu de paille au sein d'un système qui l'aliène. Nous croyions faire notre place, passer entre les gouttes, être plus malins. Nous sommes juste dociles, peureux, lâches, influençables. L'humain occidental n'est pas ce qu'il croyait être, ni dominant, ni superbe, encore moins efficace. Trois belles prises de conscience : la réalité non abstraite du groupe, du système et de la vanité.

La bourgeoisie est particulièrement atteinte. Elle qui croyait tenir la bride, naître d'elle-même et de son propre mérite, elle se découvre particulièrement sujette à la panique, à l'obéissance de masse et aux manipulations les plus absurdes. Mince alors, si on m'avait dit que la culture, l'éducation, le travail, le sens moral et civique font de vous une bête particulièrement grégaire, j'aurais perdu moins de temps ! Plus on monte dans l'ascenseur social, plus on descend dans les caves de la soumission et de la délation. Comment les intellectuels avaient-ils pu être collabos ? J'ai un début de réponse. Difficile d'idéaliser cette classe et cette culture. Leurs valeurs ont définitivement chuté dans la bourse du respect. Pour les milieux d'extrême gauche, leur embourgeoisement s'est également révélé au grand jour. Pas plus tard qu'hier, je lis sur une affiche « anarchiste » un laïus lyrique indigeste pour conclure en substance : on n'aime pas les masques, mais on les met quand même pour la santé. Beaucoup de poésie (mauvaise), de mythes (obsolètes) et de discours rationnels (pseudo) pour finalement faire comme tout le monde, mais en râlant un peu et en faisant semblant d'être critique. Ce petit râle critique porté au devant de la scène comme un acte révolutionnaire héroïque résume à lui seul l'identité brillante de l'extrême gauche.

Et les GJ ? Nous sommes déprimés également. Non point que le collectif, le système et notre ego nous apparaissent subitement, au contraire, nous avons renoué avec le politique, la répression et l'intelligence collective sur l'abrupt terrain. La dépression vient, d'une part, parce que notre élan a été brisé par le montage d'une terreur virale, et, d'autre part, parce que, sans grands discours ni justifications, nous avons également eu peur. Force et honneur… perdus dans nos cordes vocales, nos voix étranglées et notre visage recouvert d'immondices.

Néanmoins, le mouvement n'est pas mort. Il prend même une teneur et une exactitude plus profondes, voire plus radicales. Moment de pause, afin de redonner le feu de joie dans la patience des braises. Je vais essayer de rendre compte, du mieux que je peux, de cette incandescence qui nous traverse.

Non pas convergence des luttes mais lutte en cohérence

Traversés par un grand nombre de classes sociales, les GJ, quels que soient nos errements, restent le seul mouvement cohérent aujourd'hui. Malgré les tentatives de déstabilisation, il n'est tombé dans aucun des pièges tendus par la communication libérale. Les accusations avilissantes d'antisémitisme, sexisme, fascisme, ultra, casseurs, homophobie, anarchisme, et j'en passe, n'ont pas dévoyé le mouvement. Il est resté cohérent : non à l'oligarchie, pour une justice sociale en même temps qu'un équilibre écologique. Il n'a pas non plus cédé aux séductions institutionnelles. Les listes électorales ont été rares et sont tombées d'elles-mêmes. Aucune récupération par les partis. Même le terrorisme n'a pas pris. Charlie démasqué. Le mouvement reste transcommunautaire, transpartisan et véritablement antimondialiste. C'est d'ailleurs à l'aune de ce mouvement que les autres groupes apparaissent particulièrement pauvres de par le sectarisme de pensée et leur aptitude à la récupération. C'est bien pour cela que le gouvernement, dans l'impossibilité de récupérer ce soulèvement malgré le sabotage médiatique d'envergure, n'a eu d'autre choix que la répression outrancière.

Cohérence à renforcer. La sortie de la lutte des classes n'a de sens que si, d'une part, toutes les classes sont présentes, et, d'autre part, elles ont un socle commun de lutte. Insistons encore et toujours sur la rencontre entre les membres de différentes classes et précisons sans relâche ce socle commun. La précarité est un agent important de rassemblement. Les causes de cette précarité nous apparaissent de plus en plus clairement : le système capitaliste.

Il ne s'agit plus de prôner la convergences des luttes, mais d'aller à la racine de la lutte. Un mouvement uni plutôt qu'un collage friable. Nous avons essayé la convergence avec les syndicats, les mouvement écolos, féministes, antifascistes, souverainistes, antiracistes, etc. Le résultat a été piètre, je dirai même contre-productif. À vouloir « le consensus » et « surfer sur la vague », nous nous sommes échoués sur une île déserte. Nous perdons de notre énergie et de notre concentration. En divisant le bateau en territoires, nous avons oublié que nous sommes dans le même bateau. Nous l'avons payé en guerres d'ego et de groupes, chacun voulant tirer la couverture à soi.

Nous savons bien que toute dégradation écologique est la conséquence d'une pratique humaine marchande, que toute précarité engendre l'accroissement des violences familiales, que le travail est un esclavage, et que, depuis les GJ et le confinement, l'acharnement et les assassinats étatiques touchent sans exception les précaires, les genres, les races, les enfants, les vieux, etc. En sachant que l'oligarchie capitaliste gère toutes ces divisions dans le but d'assurer son pouvoir, nous commençons à entrevoir que, derrière ce capitalisme, se cache la dernière étape du nihilisme : le détournement des ressources au profit d'une oligarchie financière 2.0, dite « verte ». Le Capital est en train de passer de l'organisation salariale à une organisation cybernétique, esclavagiste et eugéniste au service d'une minorité mafieuse et fanatisée qui s'octroie le nom de « gouvernance mondiale ».

Reprendre la lutte des classes unies contre le capital ou la lutte du peuple contre l'oligarchie, c'est donc se défaire des divisions des luttes partielles pour se rassembler dès la racine contre les forces divisionnaires et criminelles du Capital. Résumons brièvement :

- • ne plus suivre le rythme, les diversions et les catégories des politiques institutionnelles ;

- • ne plus suivre le rythme des syndicats et des groupes de lutte partielle (genre / race / climat / travail) ;

• aller à la racine de la lutte et amplifier la cohérence ;

• étendre et compter sur nos propres forces.

L'État et les institutions

Impossible de s'appuyer sur l'État. Étant passé intégralement aux mains des marchands de la mort, il applique son programme d'exploitation et d'appauvrissement des peuples. C'est *ab origine* que l'État est conçu pour favoriser une oligarchie – qu'elle soit royale, marchande... – pour favoriser mécaniquement ceux et celles qui entrent en son sein. Représentatif ou non, contrôlé ou non, il rompt les liens. Corruption par le pouvoir. Cooptation de l'entre-soi. Entrisme corrupteur. Carriérisme sans foi ni loi. Mécanismes de récupération. Rien ne sert de « revendiquer », « réclamer », « exiger ». Si nous voulons briser le mécanisme toxique, la question essentielle n'est pas celle du monde merveilleux d'une nouvelle Constitution ou d'une nouvelle République, mais celle de comprendre à partir de quoi nous pouvons créer radicalement un rapport de force décisif pour une alternative radicale.

Un groupe prend de l'ampleur sur le plan institutionnel dès qu'il acquiert suffisamment de pouvoir sur le marché. C'est pourquoi les institutions privées avancent main dans la main avec le public pour administrer les peuples. Un auto-entrepeneur, un fonctionnaire, un salarié, ne sont pas des institutions. Le groupe des PME n'a pas le même poids que les banques et les firmes internationales dans l'expansion du Capital. Pfizer, Gilead, Monsanto, la BNP, les Gafam, le FMI, l'Otan, l'OMS, l'Ordre des médecins, l'ENA, les forces de l'ordre, sont des institutions hautement responsables de la décomposition du tissu économico-social. Il faut garder en tête que si certains de leurs membres peuvent se reconnaitre à titre personnel dans l'insoumission, les institutions feront absolument tout pour réduire en miettes les soulèvements véritablement populaires. Et plus une personne monte en grade dans ces institutions, plus elle s'identifiera à l'idéologie institutionnelle et finira par la défendre avec acharnement. On trouvera plus de liberté de penser chez l'instituteur et le médecin de campagne que chez un ministre ou un milliardaire.

Abandonnons tout espoir envers les institutions afin que nos propres forces puissent se reconstituer autrement.

Pour ne plus perdre de force et de concentration, évitons certains pièges, dont voici les principaux.

RIC

J'ai perdu un temps fou dans les ateliers RIC. Nous avons passé plus de soirées à nous imaginer superviser l'administration des élus, leurs notes de frais, les clauses de votation, bref, la gestion administrative d'une démocratie participative, qu'à entamer une remise en question véritable de la structure profonde de l'État englobant les médias, les lobbies, les nombreuses structures administratives de contrôle et de coercition, la mondialisation de ces structures, l'idéologie de la marchandise et du transhumanisme. Plutôt que débattre des questions concernant le capitalisme d'État, le système médiatique a contribué à faire parler du RIC : il s'agit de la gestion du peuple et non de la remise en cause fondamentale du travail, de la loi et de l'état de droit. Le citoyen reste dans le carcan formel de la cité policière, alors que le peuple vient des tripes informelles de l'expérience vécue. Nous n'avons pas besoin d'une légitimité illusoire pour savoir ce qui est bon pour nous. Le droit ne règle jamais rien, il ratifie un état de violence de facto.

À se perdre dans les méandres constitutionnels, aucune question sérieuse n'a été posée : Voulez-vous un confinement, un vaccin, un masque, un test obligatoires ? Voulez-vous l'extension des data-center ? Voulez-vous la fin des liquidités ? Voulez-vous la fermeture des frontières ? Voulez-vous une dictature sanitaire gérée par le numérique ? Voulez-vous la privatisation de la planète ? Et même si ces questions avaient été posées, qu'aurions-nous fait ?

Nous aurions écrit, réclamé, dressé un cahier de doléances auprès de l'État, qui aurait fait semblant de les considérer, tout en riant sous cape : « Ils croient encore en l'État de droit ; ouf, tout va bien. » Nous savons, au moins depuis 2005 (référendum sur la Constitution de l'Union européenne), que la voix du peuple par les urnes, le droit et la Constitution compte pour nulle. Nous savons que l'État peut promulguer des règles sanitaires absurdes, tandis que le monde pris de délire collectif suivra. L'état de droit, c'est le loup qui légitime la violence sur l'agneau, c'est le coup de matraque de la raison ; les GJ sont bien placés pour le savoir.

Souverainisme

Décoloniser l'État des USA et de Maastricht. Oui, très bien. Mais, à aucun moment, les souverainistes n'évoquent de décoloniser la société de la monnaie, de la plus-value, des hiérarchies et des États. Au contraire, ils veulent un État avec une monnaie forte, beaucoup de profit, un respect pour la hiérarchie et le renforcement des vassalités économiques extérieures issues des anciennes colonies, ou du moins ce qu'il en reste. Ce n'est pas un hasard que ces vieilleries contre-populaires soient portées essentiellement par des personnes dans ou issues du système. Le souverainiste, comme son nom l'indique, c'est encore un souverain et un vassal, encore un nom tiré du domaine juridique de la loi et de la domination. Malgré les appels du pied faussement ouverts, le souverainiste, en plus d'être impossible dans un contexte mondial, maquille ses intentions : sortir de l'Europe capitaliste pour une France capitaliste, qu'est-ce que le peuple y gagne ? Nous passerons d'une oligarchie à une autre. Un LBD français vaut largement un LBD américain. Nous n'avons pas besoin d'être souverainistes pour savoir que Maastricht est le quartier général des banques privées, du dollar, du complexe militaro-industriel états-unien, du pétrole saoudien, de la technologie chinoise, que la monnaie ne nous appartient pas, qu'il faille sortir de l'influence américaine et de l'abêtissement général si nous souhaitons renouer avec notre réalité singulière. Nous n'avons pas besoin d'être souverainistes pour saisir que la nouvelle balkanisation passe par une déstructuration économique nous menant à une guerre et une misère certaines. De même, nous savons que les hiérarchies, la plus-value et l'État ne seront jamais en notre faveur.

Décolonisation jusqu'au bout, ou alors nous serons toujours les dindons de la farce : l'armée populaire courageuse qui défend les élites traîtresses et profiteuses.

Immigration et eugénisme

On immigre parce qu'on ne veut plus vivre là où l'on est, et parce qu'on pense que c'est mieux ailleurs. D'un côté, le capitalisme défait les pays les plus pauvres par ses intrusions économiques et militaires, et, de l'autre, il fait croire par la culture et la propagande qu'il est forcément mieux de vivre dans un pays plus riche. Aujourd'hui où de moins en moins de nations échappent à l'immigration, on réalise que le problème n'est pas l'immigré ou le pays d'accueil, mais le système de libre-échange des marchandises humaines, qui compte sur les stratégies de dérégulation du marché et de traumas collectifs pour vaincre les résistances et profiter du moindre coût. Et la gauche complice du Capital masque sa mauvaise conscience en ouvrant grand les bras à l'immigration pour éviter de remettre en question l'État-nation associé historiquement au libre-échange. A-t-on besoin de faire sienne la bonne conscience de gauche pour tendre spontanément la main à un être en difficulté, immigré ou non ?

Depuis 2020, la tiers-mondialisation du monde se dévoile au grand jour. L'Occident croyait échapper au FMI, c'était sans compter sur les programmes de militarisation et de restructuration économique, qui pleuvent et vont continuer de pleuvoir. La misère et les guerres s'étendent aussi vite que la concentration de richesse s'accélère. Un pauvre reste un pauvre, ici ou ailleurs. Ce n'est pas aux peuples, eux-mêmes soumis, de soutenir les stratégies migratoires fondées sur la survie, le mirage et le profit des États capitalistes. Au contraire il faut décoloniser à l'extérieur, à l'intérieur, en soi.

Les thèses eugénistes revenant sur le devant de la scène, on veut nous faire croire que le malheur serait dû à la surpopulation. Détourner les responsabilités sur les immigrées, le virus, les Russes, les Chinois et maintenant sur les gens eux-mêmes. Quel acmé ! Nous sommes de trop, il n'y aurait pas assez de place pour tout le monde. Deux conséquences : la dévalorisation de l'existence et l'élimination de l'autre pour survivre. Pas un seul instant, nous allons examiner la possibilité de nourrir tout le monde sans l'accumulation, les divisions et les surproductions du Capital. Pas un seul instant, nous allons chercher à comprendre comment la production intensive est à l'origine de la dégradation, de l'appauvrissement et de la pollution des sols, de l'air et de l'eau. Le mode de production capitaliste dérègle tous les paramètres, y compris celui des populations. Ce n'est donc pas tant la surpopulation qui pose problème qu'un rapport au monde ne permettant aucun équilibre entre les populations et la nature.

Violence et désobéissance civile
Ces thèmes ont été construits pour rassurer les classes moyennes, qui imaginent que l'instabilité vient des contestations, tandis que le système nous met tous en insécurité extrême.

L'État avertit : « Que personne n'impose un rapport de force, puisque c'est le seul rapport qui pourrait faire bouger la logique libérale ! » Auto-émasculation. Auto-dressage. Or, les frontières de la violence sont mobiles. Les blocages d'autoroute et de la grande distribution sont violents : on ne peut plus ni manger ni se déplacer. L'autodéfense dans une manifestation a beau être nécessaire, elle est néanmoins violente. Personne ne veut tuer son prochain, mais que feriez-vous pour défendre vos enfants en face de personnes prêtes à violer et à tuer ? Et que dire des infiltrés déguisés en black blocs, qui attaquent les GJ et brûlent les voitures ? Ne sont-elles pas une tactique consistant à faire passer les manifestants pour des personnes violentes, de façon à renforcer la répression policière ? Ce concept de non-violence ne tient pas un instant devant l'expérience de terrain et demande à être ré-évalué selon les circonstances et non selon une morale préparée pour domestiquer les contestations émergentes.

Qui détermine les limites de ce qui est civil de ce qui ne l'est pas, de ce qui est légal de ce qui ne l'est pas, si ce n'est l'État ? Nous nous retrouvons vite catalogués comme « terroristes » lorsque l'État est juge et partie. L'interrogation vitale n'est pas « violence ou non violence », « civile ou non civile », mais de quelle manière orienter une résistance en fonction des situations. Tout doit être possible. Une action « non-violente » civile peut être opportune, une action « violente » incivile peut être opportune, pas d'action du tout peut être opportun.

Utopies
Les utopies peuvent être des fuites dans le temps et l'espace qui limitent les rassemblements. Je pense à l'idéologie de ces villages écolos qui se sont constitués sur la base de l'idée d'autonomie, du pas de côté, de la fuite urbaine. Un individualisme de groupe qui se révèle d'autant plus stérile que les campagnes seront

surinvesties avec le passage au virtuel et les confinements à l'improviste, comme si le Capital n'allait pas dévaster tout ce qui existe. Ce n'est pas un hasard si nombre de ces communautés ont témoigné tant d'indifférence et d'incompréhension envers les GJ. Prises dans cette forme d'ego-autonomie et de vision réductrice du bio et de la nature, elles n'ont pas compris que seul un mouvement qui dépasse les fausses contradictions urbain/campagne, autonomie/collectif, pourra imposer une alternative à l'extension du Capital.

Dans le même temps, on assiste à la plantation en grandes pompes d'une poignée d'arbres sur quelque avenue comme un « acte écologique responsable » et, dans la grande tradition libérale de culpabilisation du consommateur, on l'enjoint à acheter vert. L'utopie fait un ménage parfait avec la mauvaise foi, l'ignorance du terrain et les mécanismes politico-économiques. Quand la campagne est envahie de zones industrielles, quand rien ne pousse sur ton petit terrain parce que l'air, l'eau, la terre sont viciés, quand ton porte-monnaie ne te permet l'accès qu'aux pires produits, quand ton ordinateur devient de plus en plus indispensable pour communiquer, comment fais-tu ? Même en haut de l'Himalaya, tu seras cuit par la 19G.

Rêver d'un « Grand Soir » ou d'une sortie du capitalisme nous fait rêver l'histoire et l'humain. S'ancrer dans le réel, c'est trouver, dans notre petite vie et nos petites actions, les interstices qui nous relient à cet autre monde qui ne dépend pas d'une projection vers le futur. Le plaisir d'être dans un mouvement collectif se suffit à lui-même ; le plaisir d'être en cohérence se suffit en lui-même ; le plaisir de lutter ensemble pour une cause que l'on sait salutaire se suffit en lui-même. « Ici et maintenant » plutôt que « tout le temps pour toujours » ou « un jour quelque part ». Nous n'avons pas défait le Capital, mais il n'a pas non plus gagné la guerre. Tant que nous sommes vivants, il ne gagne pas. *Il n'y a pas de fatalité.*

Constituons une force qui ne se préoccupe pas de l'administration d'un futur utopique, mais des vrais débats et confrontations. Reprenons les rond-points et l'espace public d'une nouvelle manière. Celles et ceux qui ont vécu ces moments savent à quel point ils sont porteurs et que c'est alors que se constituent le plus sûrement une alternative. C'est pourquoi la question des rassemblements est encore, et de beaucoup, plus essentielle que celle des utopies et des fins ultimes que l'on ne connaît pas – si tant est qu'il y en ait.

Complotisme

On traite de « complotiste » toute personne osant critiquer le système. « Ce sont des fous : ne les écoutez pas ! » Opprobre sur la pensée critique.

Le « complotiste » commet cependant deux erreurs : la première, c'est de croire que des groupes réduits ont toutes les cartes en mains, et la seconde, c'est de chercher à définir un bouc émissaire. Les groupes réduits et les réseaux d'influence sont une réalité. Leurs actions, plus ou moins secrètes, ont des répercussions sur toute la société. Ceux qui constituent ces formes de secte pensent être à la manœuvre, sans percevoir qu'ils sont avant tout les marionnettes d'un mécanisme libéral. Leur ego et leur recherche de pouvoir les poussent à croire qu'ils sont maîtres à bord, quand ils ne sont que les contre-maîtres d'un navire trop grand pour eux. Entièrement dévoués à un système qu'ils n'identifient pas, ils sont d'autant plus cruels et indifférents au sort des autres, du monde, voire à leur propre sort. Il suffit de connaître un peu les membres de cette soi-disant élite pour la redimensionner : conformisme et allégeance, pauvreté émotive et intellectuelle, solitude noyée dans les addictions.

Il n'y a pas de bouc émissaire : nous sommes tous participatifs à des degrés divers. En ce sens, le « complotiste » tombe dans la facilité, la candeur et l'agression. Le problème est beaucoup plus grave : on aura beau faire disparaitre les milliardaires, ils reviendront mécaniquement. On aura beau réguler la démocratie, elle mènera à la dictature. On aura beau contrôler les flux monétaires, le profit créera les corruptions. Chercher un bouc émissaire, c'est éviter de se confronter à sa propre responsabilité, à la profondeur du mécanisme de pouvoir, et c'est projeter sur l'autre sa propre frustration et son sentiment d'impuissance.

Auto-mouvement collectif et non commandement d'une élite

Faisons-nous confiance ! Nous ne tirerons rien des partis, des intellectuels, des chefs et des alliances de fortune. Les nouvelles têtes viendront du mouvement et non des institutions, des partis ou de groupes déjà constitués. L'action et les pensées radicales sont en train de se construire à partir de l'écroulement général, et notamment des classes moyennes projetées en mode survie. En ce sens, le non-leadership et l'intelligence collective des Gilets jaunes continuent de prouver leur efficacité, en générant une résistance indomptable. Non au leadership des soi-disant experts qui en savent plus, ou du soi-disant peuple qui en a vu plus. Les cultures se mélangent en même temps que les expériences. Enfin ! L'intelligence sera celle du réel. Les egos se dissolvent dans l'élan collectif, et chacun prend sa place. Décentralisation continue, contamination du génie. Bientôt, il faudra couper la tête au monde pour arrêter la pensée et l'action vivante ; et encore : le phénix est increvable !

Quelques bases issues de l'expérience du réel :

- se rencontrer, se connaître, se reconnaître ;
- compter sur l'intelligence collective, qui traverse les territoires et fleurit en chacun de nous ;

• ne pas se fondre d'avance dans les formes et les structures juridiques (RIC, constituantes, associations, syndicats, etc.) ;

• aller droit à l'essentiel pour créer un rapport de force et une vision cohérente ;

• pas de drapeau, tous les drapeaux, on se désintéresse des provenances ;

• pas de leader ni de représentant. Horizontalité ;

• laisser émerger les groupes et les personnes les plus traversés par le mouvement sans tomber dans les guerres d'ego ;

• faire la fête ;

• se reposer.

La réconciliation avec le monde et non les croyances idéologiques

L'idéologie n'est pas une vague philosophie, elle est le socle de nos croyances. On croit en la plus-value et en la technoscience, comme on croit en Dieu. Les bourses et les marchés savent qu'ils ne tiennent que sur cette croyance en la plus-value, les capitalistes savent que leur système tient sur l'idéologie pseudo-darwiniste du progrès vers l'IA. À partir du moment où nous cessons d'y croire, l'édifice qu'ils pensaient immortel s'écroule.

La plus-value, le travail, la technique, ne sont pas une fatalité. C'est un projet de civilisation à essence totalitaire qui a un début, donc une fin. Nous sommes tous pris dans la machinerie, mais à des degrés divers. Nous pouvons déterminer les degrés de participation, de colonisation, de résistance, d'alternative... La répression est un bon thermomètre pour mesurer l'ampleur de la résistance.

Si la plus-value et le travail concernent toutes les communautés, toutes les classes sociales et tous les peuples, la croyance en la science est de loin la plus influente. En plus d'avoir déjà détruit nombre d'écosystèmes naturels et humains, cette idéologie a pu conduire les gens à se mettre volontairement sous détention au niveau mondial. Cependant, imaginez un instant que les gens n'y croient plus ou, du moins, relativisent ce qu'affirment les scientifiques officiels à propos de la pandémie. Ils sortiraient de chez eux et refuseraient la tyrannie sanitaire. À l'État, il ne resterait plus que la coercition, qui, bien sûr, ne suffirait pas devant la résistance massive. L'idéologie est la répression la plus efficace. Il s'agit d'en sortir sans la remplacer par un autre système, une autre croyance, une nouvelle idéologie.

Une création organique et non le dogme de l'utile

Nous ne rêvons pas de revenir à un monde sans économie, sans technique, sans objets. Nous sommes en train de changer notre rapport au monde de manière à ce que l'économie, la technique, la science, ne soient plus conçues et gérées selon un mode de domination – qu'il soit marchand, religieux, militaire ou libertaire. Le Mouvement, aussi appelée la Nature, crée et innove en permanence des formes d'échange, des objets, des musiques, des danses, etc. Suivons le Mouvement sans chercher à le dominer ni à le modifier. Imaginons par exemple :

  • un développement des techniques lowtech adaptées à chaque environnement et non un accroissement généralisé de l'IA avec l'effet délétère des ondes ;

  • une médecine qui, au lieu de se déshumaniser dans l'IA et les expériences approximatives, s'occupe plus des causes que des symptômes, plus des personnes que des maladies, repositionne des molécules anciennes, tout en laissant la place et en renouant avec d'autres approches et d'autres traditions ;

- une économie qui, au lieu de spéculer sur la création de besoins et le taux de profit, suivrait les besoins fondamentaux.

En deux mots, il s'agit de vivre en dehors du dogme de l'utile afin de renouer avec une alternative organique fondamentale.

Le local, c'est le global

On ne peut plus opposer le local au global. Le local sans liens avec les autres localités est condamné à mourir d'étouffement ou d'expropriation soudaine. « Local » signifie « revenir au réel du temps, des autres et de l'espace vécu ». « Global » équivaut à « réalité de l'interdépendance intrinsèque ». « Le local, c'est le global » rappelle que *le réel, c'est la vie reli*ée les uns aux autres. Nous sommes foncièrement un tout cohérent non-atomisé. Les stratégies techniques, numériques et marchandes, sont des courants qui homogénéisent les relations selon une réalité virtuelle d'équivalence coupée du monde. Celle-ci brise à la fois le local et le global. Relions-nous en même temps au local, au global et au réel. Refusons le confinement ! *Le confinement, c'est être isolé dans l'irréel.*

Renouer avec les cultures alternatives

Nous ne sommes pas seuls. Isolés, nous sommes perdus et faibles. La radicalité critique et les franches alternatives sont pensées et vécues depuis des siècles. Il ne s'agit pas de se cultiver, mais de redonner vie aux traditions écrites et orales. Reprendre le fil. Que la chaleur des anciens et des morts revive en nous. C'est seulement dans le brûlant de l'expérience vécue que les trésors d'une écriture se révèlent. Les vrais confrontations font reprendre tous les livres, pour nous rendre compte que nous n'avions rien lu.

L'éducation et la culture, c'est la glaciation de la transmission. Beaucoup d'artistes ne considèrent-ils pas que leur rôle est de ranimer la langue insurrectionnelle ? Il nous reste peu des pré-socratiques et des traditions chinoises premières, mais, avec ce peu, nous pouvons tout retrouver d'une intimité. Les jacqueries, les révoltes paysannes et d'esclaves, la Commune de Paris, la guerre d'Espagne, Budapest 56, Mai 68, nous font entrevoir qu'une pensée critique et une société sans taux de profit sont possibles. Allons rencontrer ces continents. Un livre, un art, une technique, ne sont pas des traditions culturelles réservées à une bourgeoisie arrogante : ce sont des héritages à découvrir à l'aune de son vécu. La culture nous aide à comprendre les répétitions, la confrontation de terrain nous aide à voir les nouvelles formes de cette répétition.

Un exemple de culture radicale : la critique de l'UE

Sur les rond-points à Marseille, nous avons étudié pendant trois mois, au rythme d'une fois par semaine, le texte du traité de Lisbonne et ses applications. Nous étions sapeur-pompiers, ouvriers, auto-entrepeneurs, salariés, retraités, chômeurs, précaires, artistes...

Nous avons pu comprendre, textes et faits à l'appui, que la Constitution européenne est une imposture qui se sert de l'idée d' « union » auprès d'une bourgeoisie hébétée, dans le but de déréguler, détourner, concentrer les richesses.

S'agissant d'une guerre non déclarée qui avance masquée, quand on tire le fil et que le rideau tombe, il faut avoir les reins solides : le dispositif d'asservissement et de criminalité est aussi bien ficelé qu'infâme.

Tirons le fil.

Le système de dette européenne fondé sur le principe de la troïka (Commission européenne, BCE et FMI), les accords de Bretton-Woods et les banques privées, est directement issu du principe capitaliste énoncé par Mayer Amschel Rothschild : ceux qui prennent le contrôle de la monnaie prennent le contrôle sur les lois et sur les nations. On devine, suivant en cela les leçons de la crise de 1929 reproduisant celle de 1848, que l'effondrement économique précipité par le confinement engendrera de l'inflation et la disparition de la plupart des banques qui, après avoir vidées les comptes de leurs clients, seront absorbées par les plus grosses banques. Ces nouveaux consortiums renforcés commencent déjà à imposer leurs lois scélérates et bellicistes aux peuples. L'industrie pharmaceutique participe activement à cette précipitation, parce que, depuis les années 80, les conglomérats ont supplanté les laboratoires familiaux. Cette mécanique libérale n'a rien de nouveau : dans *Au Bonheur des Dames* (1883), Émile Zola décrivait déjà comment les grandes surfaces éradiquent les petit commerces.

L'OMS s'est transformée en organe de propagande au service des consortiums (Big Pharma), des banques privées et des oligarchies transnationales. Les transferts d'argent, la recherche et l'information, sont uniquement déterminés en fonction de leur projet de soumission des masses. Le terme « conflit d'intérêt » est un euphémisme.

Du côté militaire, l'Otan n'a jamais été un « bouclier », mais seulement une structure centrale visant à vassaliser les nations européennes en imposant des ventes d'arme et un « technologisme » hors de prix.

Que l'administration états-unienne soit démocrate ou républicaine, tous les traités atlantiques suivent cette veine : gaz, pétrole, agroalimentaire, médicaments, surproductions... sont élaborés pour exproprier l'Europe, soit directement, soit à travers des « alliés » (monarchies du Golfe), soit encore à travers les mécanismes du libre-échange (délocalisation, défiscalisation, immigration, taux de profit).

Contrairement à ce que veut nous faire croire la gauche bien-pensante, il n'y a jamais eu aucune probabilité pour changer l'UE à l'interne et de manière constitutionnelle : trop d'argent, trop d'intérêts, trop d'infiltrations des bureaucraties parlementaire, militaire, diplomatique, culturelle, trop de jeux de réseau, de carriérisme, trop de fidélisation par les articles, les commandes, les voyages, les conférences, trop de prestige, de diffamation et d'intoxication.

Ajoutez, du côté des médias, que la plupart des radios en France se trouvent sous la houlette de Médiamétrie, que toute la presse écrite est passée entre les mains des grands groupes et que ceux qui osent encore sortir du mainstream sont de plus en plus sujets à censure. Le suivisme pavlovien en politique extérieure (Ukraine, Libye, Mali, Syrie, Liban), en politique intérieure (manifestations télécommandées genre/race/climat) et en politique totalitaire (confinement, impositions sanitaires) n'a donc rien d'étonnant.

Une fois que l'on a compris que nos impôts, nos taxes, notre alimentation, nos déplacements, nos retraites, nos informations, notre culture et notre santé sont intégralement gérés par des capitaux privés et que ce gigantesque détournement est inscrit dans le marbre des lois, il devient difficile d'aller voter, de croire en l'État et dans le Capital.

Notre travail de fourmi sur les textes européens eut peu d'écho dans la fourmilière : nous n'étions pas prêts à prendre le temps de comprendre les dispositifs du Capital, de même que nous utilisions le numérique dans la plus grande innocence. Ce refus de l'histoire et du réel nous a coûté cher. Ce qui ne tue pas rend plus fort. L'expérience du revers nous a portés à nous plonger sérieusement dans les annales et les arcanes des constructions du pouvoir et des alternatives. *Un livre entre les main d'un GJ vaut mille fois plus qu'un livre entre les mains d'un intello. Ce dernier le lit, le premier le vit.*

La démocratie est morte (a-t-elle jamais existé ?)

À chaque élection, on nous rebat les oreilles qu'il faut aller voter « contre Macron », qu'il faut « tout faire pour éviter le RN », qu'on s'est « battu pour le vote », etc. Résultat : toujours plus d'abstentions d'un côté et, de l'autre, toujours plus de stratégies hybrides autoritaires, et ce dans tous les pays, quel que soit le type de « démocratie ». Il n'y a plus rien à prôner en faveur du vote. Se retirer définitivement du faux-semblant des urnes. Pas de liste. Abstention et abandon institutionnel. Merde au système décoratif des partis. Destitution de tout ce beau monde et *reset* politique.

La démocratie (si jamais elle a existé) est moribonde. En amont : le coût des campagnes, le poids des firmes qui subventionnent, le jeu administratif des circonscriptions et celui des alliances, celui de l'UE qui gère 80 % des lois, l'entrisme, l'entre-soi, la reproduction des « élites », etc.

En aval : les référendums refusés ou proposés à partir de questions biaisées, les partis qui copinent, les prises d'otage électorale (RN), la désinvolture face à l'abstention, les contradictions entre les discours et les actes, les médias au service de l'idéologie dominante, la diffamation et la répression tous azimuts des alternatives, etc. Que reste-t-il de nos amours ?

Haro sur la dictature sanitaire

La crise sanitaire n'est pas sanitaire. C'est une mystification dissimulant à la fois une crise de la haute finance, qui cherche à détourner les flux financiers, et une restructuration 2.0 du capitalisme, qui inaugure une nouvelle forme de guerre mondiale faite aux peuples. Souvenons-nous : les États avaient usé des mêmes mensonges de peur et de terreur pour lancer la guerre du Golfe. Cette crise du capital porte en elle-même toute la dictature : interdiction de rassemblement, surveillance généralisée, mainmise sur les données, les comptes, les déplacements, exclusions, effondrement, restructuration économique, nouveaux types de déportation et d'emprisonnement, accaparement de l'espace de communication et de l'espace public, etc. J'irai même plus loin : les masques font une irruption totalitaire dans notre quotidien, mais si nous en restons à la dénonciation, nous consoliderons la diversion sanitaire, faute de comprendre que notre mode de vie est fondé sur la domination de l'homme sur la nature et la fragmentation de l'existence.

Même si nous obtenions le retrait des obligations sanitaires, nous retarderions juste une dictature pour une liberté incomplète et momentanée, laquelle dictature reviendrait avec plus de véhémence.

Rond-points internationaux

La seule force qui fasse trembler le Capital sont les mouvements sociaux radicaux. Ils passent par une expérience commune de luttes et de solidarités. Ces expériences elles-mêmes dépendent de la possibilité de se rencontrer et donc de se rassembler. Si nous avons cru un moment que nous pouvions réussir une révolution franco-française, maintenant nous savons qu'il s'agit de :

> • prendre le temps de comprendre les enjeux géopolitiques, ne pas écouter les médias et les diversions médiatiques, écouter nos proches qui se sont informés ;

> • rejoindre ou créer des médias à vocation internationale ;

• échanger et voyager, de manière clandestine s'il le faut ;

• suivre la vague insurrectionnelle qui va de ville en ville, de pays en pays ;

• aller voir par nous-mêmes nos régions, nos villes et nos quartiers.

Communications numériques et réelles

La guerre est également informative. Nous nous sommes laissés infiltrer sur le terrain, mais surtout par l'utilisation ingénue du système numérique. Nous avons dû ré-évaluer ce système, sachant qu'il est soumis au contrôle, aux firmes et aux satellites, tout en nous l'appropriant et en le retournant dans la mesure du possible. Dans le même mouvement, nous essayons de nous ré-approprier le terrain réel qui, in fine, décide des issues. Investir l'espace public et l'espace privé peut se manifester dans la presse alternative et les rassemblements sans presse :

• créer des rassemblements virtuels en prenant en compte les chartes des collectifs, la communication, la censure et la surveillance pour se faire connaître du plus grand nombre ;

• créer dans le numérique lui-même des rassemblements plus minoritaires, à travers les plates-formes, les encodages, les cryptages et les possibilités de confidentialité ;

• sortir du numérique et revenir aux techniques mécaniques : papiers, tracts, poste, etc ;

• sortir des objets et revenir aux échanges directs hors numérique et hors visibilité ;

• créer un langage codé en s'inspirant, par exemple, des « langues elfiques » élaborées pas les joueurs vidéos.

Mouvements de terrain

En ce qui concerne les actions de terrain, nous ne pouvons plus nous contenter de pétitions, d'actions symboliques, de manifestations, de grèves épuisantes et de blocages qui s'essoufflent face à une répression inouïe. J'entrevois deux types d'actions. Le premier concerne l'humain, le second les biens :

1. Blocages précis des décideurs et de leurs lieux de rassemblement : banquiers, commissaires européens, hauts cadres, fonctionnaires, Medef, ministères, Bruxelles, Strasbourg, lieux de grande distribution, etc. Pister les policiers, démasquer les politiques, mettre la justice sous pression ;

2. Comme l'humain est bien peu aujourd'hui, intervenir directement dans le système matériel en déjouant le traçage, en traçant les traceurs, en court-circuitant les réseaux, etc.

Conclusion provisoire

Ne rien forcer. Rester attentif et présent. Nous ne décidons rien. Comprendre les vrais enjeux, c'est déjà beaucoup dans ce climat urgentiste démoralisant. Le système ne maîtrise pas tout. Tenons patiemment les braises ardentes. Résistance. Tel est notre plus grande paix et notre plus grande lutte. Les vagues de liberté peuvent jaillir de n'importe où, à n'importe quel moment ; et là, il s'agit de prendre la vague. Suivre le temps, c'est prendre son temps. Se déposer. Respirer. Souffler. Partager.

Tout cela ne peut reprendre vie que si notre rapport à la mort se repose de manière fondamentale. C'est là que le pouvoir viendra toujours nous chercher et nous soumettre : la mise à mort. Telle est la dernière leçon du virus : tout mouvement réel ne peut prendre vie qu'à partir d'une remise en jeu décisive de notre rapport à notre corps mortel. C'est de cette réconciliation que tout peut repartir. J'essayerai d'en donner quelques pistes dans une seconde contribution à une nouvelle résistance.

Contribution à une nouvelle résistance (2)
De notre bien-aimée condition mortelle

19 octobre 2020

Je reste encore abasourdi de l'efficacité de la tyrannie sanitaire sur l'ensemble des populations. Je n'aurais jamais pensé que nous obéirions – et continuons d'obéir – si aisément. Même celles et ceux qui connaissent les ficelles des manipulations libérales, même les professionnels du militantisme, et beaucoup de GJ sont tombés dans le piège. Nous n'étions que quelques-uns à courir d'assemblées en assemblées, de réunions en réunions, de débats en débats, de conversations en conversations, autant dire de déserts en déserts. Comme résultat aussi inattendu que pitoyable, nous avons poussé la chansonnette aux balcons pour soutenir les soignants révoqués aussi vite qu'évoqués.

Comment une telle obéissance sanitaire est-elle possible ? Comment cette obéissance tord-elle le cou au politique, au collectif, à la solidarité ? On nous a touchés au cœur. Posons-nous. Cette crise a l'avantage de faire surgir un problème de fond sans doute inaccessible jusqu'alors : l'obsession de la santé, de la maladie, de la contamination et du risque, vient nous rappeler à la présence de la mort. Une mort qui revient d'autant plus inquiétante qu'elle est mise de côté par le flux véloce de la jouissance marchande. Ce n'est donc ni une question d'intelligence et de connaissance, ni une question de culture et d'opinion, mais la question – beaucoup plus intime – de la mortalité de son propre corps.

Les mouvements sociaux ne pourront se reprendre avec force que si notre rapport intime au corps mortel est pacifié. La crise du Covid exhume la liaison intrinsèque entre le politique et l'intime, deux domaines qui n'auraient jamais du être séparés. Tout comme le Capital travaille à la déstructuration économique et mentale, il nous travaille au corps tant et si bien que nous n'avons plus aucune prise sur lui ; le corps est médiatisé de toute part. Nous ne le connaissons plus. Nous ne lui faisons plus confiance. Nous ne savons plus rien de la multiplicité des sentiments, des affects, des sensations, des transformations. À l'instar de la pensée, les changements du corps sont homogénéisées par un corps-marchandise constitué de fantasmes, de représentations narcissiques, de terreurs et de méconnaissances. Devant autant de déconnexions, il est naturel que l'alliance entre la technoscience, les médias et les banques trouve un terrain de conquête particulièrement fertile chez cet humain qui se recroqueville. L'anesthésie est telle qu'il faut s'attendre à beaucoup de violences pour que chacun se reconnecte à son énergie primordiale enfouie dans l'enfance.

Me voici rendu, comme tant d'autres issus de l'expérience GJ, à un moment de recul et de méditation, concentré et traversé par ce qui agit désormais en souterrain. Dans un esprit de retour sur soi et au réel, et afin de repartir de manière plus racinaire, je propose un cheminement orienté vers deux horizons inséparables et concomitants.

Le premier horizon consiste à se mettre, sans se raconter d'histoires, en face de soi-même et en face de cet humain 2.0 apparemment formidable. Nous découvrirons, dans le sombre miroir de vérité, *une guerre totale faite au corps.* Une guerre totale et millénaire que le système marchand, sous couvert de protection retorse, mène à son apogée en instrumentalisant une mort préfabriquée. Si l'humain persévère dans l'intégrisme hygiéniste, la phobie faite empereur, l'oscillation entre la dépression et la haine, il fond sans faillir vers le mal-être plein d'effroi ; et sera précipité dans l'abîme de la déréliction et de l'extermination.

Le deuxième horizon consiste à écouter, suivre, aimer ce corps et ses changements. Non plus « tuer la mort », donc la vie, mais « aimer la mort, la vie ». L'amour de la vieillesse et de la mortalité comporte une critique et une désobéissance radicales. *Si le Capital s'organise pour tromper la mort, il s'agit, ici, de la reconnaître et d'y trouver – hors des utopies et du fatalisme – le courage de la joie de vivre ici et maintenant. Et pour ce, ne rien faire, laisser faire. Juste écouter et suivre l'énergie commune qui nous dira la prochaine station.*

Zombification du monde

Dans les rues et les campagnes, sur le palier et les couches conjugales, les gens s'observent. Ils s'évitent, ils se jugent, ils se craignent. Les visages ont disparu pour laisser place aux peurs, aux fantômes, aux paranoïas. On essaye d'éviter les transports en commun, les villes, les rassemblements, les jeunes, les vieux, les travailleurs, les relations sexuelles et, bientôt, de respirer. Or, les interstices se rétrécissent et même les professionnels de la fuite se trouvent enfermés dans des espaces de plus en plus réduits. Le sens civique s'est transformé en *discipline de la frustration*. Celui qui ne respecte pas le costume et le comportement de la peur est un irresponsable, un salaud, un terroriste ; il faut l'abattre rapidement avant qu'il ne soit trop tard. Plus aucune question sur le bien-fondé des impositions sanitaires, plus aucun sursaut de bon sens. Oubli soudain des basiques de la chimie bactériologique et virale du corps. Les années d'école, de science, de raison, d'histoire, de culture, balayées en un commandement. Le vernis des Lumières, du progrès et de l'ordre, pollué en quelques semaines à coups de chiffres sur le thermomètre ; le noir de la haine et de la surveillance déborde le tableau occidental. Ceux qui disaient hier détester les foules se trouvent les premiers à constituer les foules. Ceux qui prônaient hier la bienveillance sont les premiers à mettre en place une morale agressive d'exclusion. Ceux qui parlaient hier du « Grand Soir » sont les premiers à se terrer chez eux quand arrivent le soir. Ceux qui arboraient le raisonnable et le calme bourgeois sont les premiers à diffuser l'hystérie des faussaires.

Nous voici plein de tocs. Les phobies imposent leur despotisme. Approcher le visage de l'autre devient un acte héroïque, ou dément. On ne sait plus rien, mais on ne sait jamais : la prophylaxie assassine ce qu'il reste d'humain. La nouvelle application s'appelle *Tiktok*. Mieux vaut mourir seul mais propre, qu'entouré par l'amour de ses proches : ils sont peut-être porteurs de mort. *Vade retro Satanas.* Morale à l'endroit du corps : toucher, rire et faire l'amour, oui, mais sous écrans. *Le virtuel est la nouvelle vierge immaculée.* La marche des zombies n'est pas celle de cadavres ambulants, mais celles de moitié-vivants ratatinés sur eux-mêmes, végétant dans un sac poubelle fait de masques, de gants et de plexiglas. Buvant du gel hydroalcoolique, les poches pleines de médicaments et de psychotropes, le cerveau tendu vers le nombre de morts annoncé par les canaux de la propagande, le zombie est en attente d'une reprise miraculeuse. Le dernier homme occidental vénère la sacro-sainte liberté au milieu des ordures planétaires, et va à l'abattoir en se persuadant que « ce n'est pas possible », que « ça va revenir à la normal », qu'« ayant payé ses impôts, on lui doit du respect ». Les enfants de ce dernier homme diront, dans le même respect pour le déni affilié : « Ils ne savaient pas ! » On capitalise plus sûrement sur la victimisation que sur la révolte issue des tripes et du discernement. Voici donc ces derniers hommes, femmes et adolescents dans leur sac poubelle en train de chercher nerveusement les interstices les plus confortables, là où il reste un peu d'air, éventuellement. Bien propres sur eux, les voici sur le qui-vive pour dénoncer celui ou celle qui, n'étant pas encore fou, serait le plus pernicieux vecteur de contamination.

Deux issues : retourner l'énergie contre soi et c'est la dépression ; retourner l'énergie contre l'autre et c'est le lynchage collectif d'un bouc émissaire. Hagard et confiné, le troupeau apeuré ne voit pas que l'air, l'eau, la terre, les ondes le détruisent de manière certaine, que le *reset* économique aura raison de lui et que ses gestes barrières le coupe définitivement de ce qui lui reste de santé.

Comment est-il possible que notre comportement quotidien, nos notions les plus fondamentales, notre corps intime soient à ce point affectés ? Les guerres affectent localement et elles ont une cause historique. Le terrorisme, malgré son effet de surprise, a également ses explications humaines et sa localisation. Mais le virus est un phénomène naturel – même s'il est modifié artificiellement – qui se propage de toute part et de manière invisible. Dès lors qu'on peut lui projeter toutes les formes, la planète entière se met à délirer à partir des peurs les plus archaïques. Nous avons cru tromper la mort par une vie censée être infinie via le miracle de la consommation, de la performance et du divertissement. Elle revient soudainement et se joue de nous.

Si nous voulons sortir de la folie de l'égoïsme et de l'isolement, si nous ne voulons pas construire méthodiquement les prochains camps de concentration, de ré-éducation et de mort annoncée, il nous faut revenir à notre sentiment, notre sensation, notre sens de la mort.

Renouer avec la mort

On avait oublié que la mort est le rendez-vous incontournable de notre existence. Combien de fois ai-je entendu : « Je n'ai pas peur de la mort. J'ai peur que mes proches décèdent. » ou « J'ai seulement peur de souffrir. » L'humain occidental est arrivé à ce point de dystonie qu'il se concentre plus sur les gens qui risquent de lui manquer et sur les souffrances de son corps que sur sa propre mort. *Il en a oublié que le corps qui souffre, c'est le corps en danger de mort, que la mort des autres, c'est aussi la sienne, que sentir sa propre mort, c'est être connecté avec son instinct de survie.* Dans son individualisme outrancier, la mort ne le concerne pas. Il passera entre les gouttes. Mort au placard, cadavre à l'hôpital, vieux aux Ehpad. Et la mauvaise foi continue de distribuer les rôles.

Suffit-il d'un virus saisonnier pour lui rappeler sa mortalité ? Non. *Il faut une industrie de la terreur pour le maintenir dans un état d'urgence.* Cette industrie ne le met pas devant la mort réelle, elle le met devant une mort construite. Une mort fantasmée pour les besoins marchands. Mort à crédit. Terreur recouvrant la mort elle-même. Rafraîchissement de la logique du déni. Détresse mise à profit. Pour les marchands, la mort n'existe pas. Selon le dogme libéral, il suffit, pour échapper à la mort, d'exploiter les masses, d'en éliminer le surplus inutile et de détourner le plus possible de ressources avec le projet de bâtir une nouvelle forteresse dans le ciel, sous la terre, sur une île, sur Mars. « Tuer la mort ! » est leur nouveau credo 2.0.

Reprendre contact avec la mort réelle. Revenir au corps. Revenir aux changements. Le corps qui se transforme. Le corps qui vieillit. Sortir du délire libéral d'un jeune utile qui travaille et d'un vieux devenu inutile qui vide les caisses. Écouter le message des douleurs : aucune ne se ressemble. La souffrance au travail n'est pas la même que la souffrance d'un deuil. Celui-ci approfondit la présence au corps, celui-là assassine le corps. Bannir le désir d'immortalité, d'amélioration, de contrôle. Lutter contre les maladies du déni. Ré-écouter son corps, c'est se reconnecter avec sa mortalité, sa vitalité, son lien avec le monde, ce monde qui nous façonne de part en part, d'où nous venons, vers où nous allons. Sortir de l'individualisme narcissique qui nous impose l'angoisse de la solitude. Démarche intime qui dépasse de loin la raison, les mythes, les religions, la science. Affaire de soi à soi dont il est si difficile de parler et où, pourtant, l'essentiel se passe. *L'acceptation – l'amour même – de la mort et du vieillissement, en plus d'être l'arme fatale contre le Capital, est la clef de notre réconciliation avec le monde.*

Et c'est encore aux rond-points que je reviens. Je me suis occupé de mes parents avant leur décès, mais c'est une autre affaire que de rencontrer de « vieilles » personnes, qui ne sont pas de notre famille, dans une cabane de fortune pour refaire le monde. Découvrir la richesse de l'expérience, le recul bienfaiteur, l'opiniâtreté surprenante, la complémentarité dans la vigueur. On s'ouvre à l'autre, on rencontre en vrai, on sort de sa boite familiale, de sa cellule communautaire, de son ghetto périphérique. On se rencontre de manière informelle. On découvre une vie après la retraite. Il ne s'agit pas d'un respect traditionnel et tyrannique pour les anciens, mais d'une curiosité qui, au sein des ronds-points, devient une véritable désobéissance idéologique, car les retraités sont devenus l'un des cœurs battants des GJ. Pas de GJ sans eux. Ils tiennent la barre contre vents et marées. L'horreur de la violence d'État s'abat sur eux telle la légion noire de la pire époque. J'ai vu, à en vomir de rage, trop de vielles personnes bastonnées par les matraques, crachant leurs poumons sous les gaz, et se relevant, les yeux rougis par le cyanure et la ténacité, reprendre leur marche en boitant.

Y a-t-il encore un nom pour désigner une « gouvernance » qui mutile les vétérans dans les ronds-points ? Les décime dans les Ephad et les met sous terreur ? Les isole et les suicide au nom de la santé ? Les dévalorise au nom d'un capitalisme de l'utile ? Les ruine à petit feu pour les jeter dans les fosses communes de l'indifférence et du mépris ? Je peux juste dire que ce sont ces personnes-là qui me redonnent de l'espoir, me transmettent l'essentiel, me rappellent à l'histoire, au courage et à la force de vivre. Quant aux autres, à ceux et celles qui assassinent ce qui reste de ce monde, je n'ai en effet plus aucun nom.

Dénouer la terreur
À celles et ceux qui regardent les GJ sans mots dire, qui croient aux mensonges d'État, qui ne croient plus en rien, qui ne veulent plus croire en rien ni personne, à celles et ceux qui applaudissent l'ordre et la discipline, qui veulent plus de sécurité, qui demandent de bien ajuster le masque, qui votent encore, qui minimisent l'aliénation, à celles et ceux qui ferment les yeux, qui espèrent le retour à la normalité, qui ne veulent pas voir la vélocité abjecte du Capital, à celles et ceux qui divisent et corrompent les luttes en précipitant les immigrées, les hommes et les femmes dans le cycle du travail, du taux de profit et de la légalité au nom d'une pseudo-révolution, à celles et ceux qui, par un jeu de mauvaise foi mentale, croient être différents et non indifférents, à celles et ceux qui ne touchent plus les enfants, les vieux, ni personne et se terrent au nom du virus, à tous ces gens-là, je rappelle que c'est vous qui véhiculez la terreur. Le plus ahurissant dans cette histoire est que ces « gens-là », c'est la plupart d'entre nous.

La crise nous a donc mis devant un fait inquiétant mais incontournable : nous sommes devenus lâches, influençables, dociles. En plus de ce constat peu reluisant, si nous suivons notre bien-aimé ego sur une petite période de six mois, nous découvrirons que nous entretenons une ambivalence pathétique : arrogants et minables, donneurs de leçons et soumis, tyranniques et lèche-bottes, culpabilisateurs et culpabilisés, manipulateurs et manipulés. Notre boussole indique simultanément le nord et le sud, l'ouest et l'est. Plus nous errons comme des feuilles d'automne voletant dans un cyclone chimique nauséeux, plus notre ego identitaire devient la bouée d'un sauvetage têtu. Et lorsque l'État nous met au pas, la dépression nous gagne : l'existence de l'autre s'impose sous les traits d'une domination humiliante et infantile. *Notre libre-arbitre était donc un simulacre !* Le système pense, mange et baise à travers nous. Nous ne sommes qu'une courroie pour la transmission marchande. Quelle vexation infamante pour notre individualité exceptionnelle !

Désorientés à la base, notre plus grande peur est celle de ne plus avoir d'orientation. C'est pourquoi le diktat de la marchandise est une bonne nouvelle. On prie encore pour qu'elle advienne : au moins, on sait où aller. Hier le concert, aujourd'hui Skype ; hier le contact, aujourd'hui le sans-contact ; hier l'humain, aujourd'hui le robot. La plus grande ironie de l'Histoire, c'est de nous mettre au pas avec des règles absurdes. *Qu'importe ce qu'on nous ordonne de suivre, du moment qu'on ordonne. Qu'importe le contenu de la règle, du moment qu'on préserve la règle.* Bientôt, il faudra sauter à cloche-pied et marcher sur la tête pour éviter le virus.

La loi rassure. Plus elle est absurde et plus elle coûte chère. Plus elle prend du poids et plus elle dresse. Depuis au moins 5 000 ans, nous pensons que sans règles, ce serait le chaos, la jungle. Sans règles, le plus fort gagne sur le plus faible. Nous avons perdu de vue que la règle entretient un chaos bien pire que la jungle, à travers lequel le plus fou décime tout ce qu'il reste. *Nous préférons suivre une raison folle qui assassine la vie qu'une raison qui suivrait un instinct de survie.* Nous avons cru que la raison serait le garde-fou : elle est devenue le garde devenu fou. La science, le droit et la valeur d'échange nous ont fait perdre le corps et la tête. Il a suffi de l'alliance de ces trois têtes d'hydre pour que nous sautions, bien disciplinés et au pas, dans la fosse commune. Rassurés par notre cadence militaire régulière, nous espérons éviter l'abîme. Sommes-nous une seule fois sortis de la superstition ?

Cela marche comme sur des roulettes parce que nous voulons croire que la consommation de progrès et de technique nous ferait oublier la mort par une performance du corps. Et quand la mort revient de derrière les fagots, nous nous obstinons à croire que le dieu État a l'objectif et les moyens de nous protéger. Sommes-nous une seule fois sortis de l'infantilisme ? Le respect des mesures sanitaires vient de notre croyance à pouvoir contrôler la grande faucheuse. Masques, gels, tests, prises de température, quarantaines, vaccins, distances sociales, fermeture des bars, restaurants, clubs et frontières, isolements forcés et confinements mondiaux. On ne sait plus. On ne sait pas. Mais on ne sait jamais. C'est mieux que rien. Toujours faire. Faire n'importe quoi, jusqu'à y perdre la tête, plutôt que ne rien faire. On a tellement fait qu'on a tout défait. *L'*épuisement à suivre les dissonances cognitives nous a pétrifiés devant la loi qui, dès lors, *peut promulguer le chaos.* Dépendants des instances de la loi, nous avons remplacé la joie de vivre par des drogues chimiques, narcissiques, spirituelles et des shoots d'adrénaline. Nous vivons sous addiction, le plus souvent masquée, mais elle se manifeste lors des crises, et nous fait un pied de nez, afin de rappeler aux zombies qui est le maître.

Cette crise est sans doute la première d'une des plus grandes séquences dissociatives de l'humanité. La dissociation concerne cette fois le socle de la vie. En effet, la distanciation sociale condamne le *sens du toucher* et, de là, toute possibilité de se rassembler et tout rapport direct au monde – du sexe à l'alimentation en passant par les déplacements. *L'écran devient la médiation obligatoire, la traduction de la loi en langage technique.* Aucune religion n'avait encore atteint ce degré de fanatisme, de séquençage et de contrôle. La laïcité, le pape, la plupart des artistes affichent leur masque. Il ne faudra pas s'étonner d'un retour majestueux de la morale et des perversions. Retour qui sera l'occasion d'une profusion de procédures et de distanciations. Pas de bon et de méchant dans cette histoire : juste le cancer normatif qui se nourrit de lui-même.

Dénouer la terreur dépend d'un parcours personnel qui n'obéit à aucune recette et nous amène, d'une manière ou d'une autre, à faire le diagnostic radical et sans état d'âme de l'aliénation de notre corps et de notre âme. La remise en question de la loi et de la légitimité sera incontournable. Pas facile. Très difficile, même : après quelques millénaires, la désaliénation sonne comme une trahison d'envergure qui ne manquera pas de faire retentir les foudres psychologiques de la menace et de la culpabilité. Il y aura le piège de la subversion de pacotille et de la révolte de paille. Le piège de la non-violence docile et de l'amour new age. Le piège de la violence complice et des réformes impossibles. Et tant d'autres. *Pour sortir concrètement de la loi et des addictions du Capital, nous avons besoin d'une cure de désintoxication et de lucidité sur tous les plans : physique, mental, émotionnel, rationnel, spirituel.*

Enfin, contrairement à ce que nous ordonne l'intégrisme de l'hygiène, il faut reprendre contact avec le toucher. Ne plus avoir peur de se rassembler, de s'embrasser, de s'enlacer. Abandonner les écrans, se tourner vers le réel, se retrouver en vrai, et nombreux si possible ; clandestinement si besoin est.

La désobéissance n'est pas une fin en soi, elle est un moyen pour sortir de l'addiction marchande. La liberté n'est pas celle du pouvoir d'achat, mais un mouvement de libération de la domination totale pour s'orienter selon une cadence collective organique et continue.

Dé-zombification du monde

Le Capital est profondément enraciné en nous. Il nous prend au plus intime du corps : cellules, neurones, nerfs, organes, réflexes. Le tour de force est la manière dont il congédie la mort pour en faire un fantasme terrifiant sur lequel on peut jouer à souhait. Le corps profond étant atteint, il s'agit de le regagner. Comment retrouver ce réel avec lequel il est bon de vivre ? Tout d'abord, ne nous trompons pas : *notre corps est colonisé*. Ceux qui prétendent que nous sommes tous actifs et participants au Capital, nous font croire au fatalisme de la marchandise comme d'une loi naturelle. Il s'agit d'une stratégie pour briser le mental et assurer le pouvoir. L'ultime rhétorique revient à démontrer que l'esclave souhaite son propre esclavage. On arrive à l'argument le plus spécieux qui soit : le colonisateur ne fait que répondre à la demande du colonisé. Il n'y est pour rien, il est bienveillant, il faut le remercier. Aussi étourdissant et scandaleux que cela puisse paraître, tout cela est vrai. *Oui : le fatalisme et la servitude volontaire sont la base de notre système d'adhésion. Du moins tant que la personne ne ressent pas sa colonisation interne et qu'elle croit en les valeurs du colonisateur. Cependant, à partir du moment où elle ressent le mal-être de la domination et les valeurs démentes du colonisateur, alors son corps et sa conscience se réveillent. Elle renoue avec son propre mouvement réel et, dès lors, elle ne participe plus : elle est astreinte à coopérer. Consciente de sa condition, elle devient un esclave non soumis, un révolté, une menace, un espoir. Elle devient fil conducteur du Mouvement. Cette personne-là sait alors qu'il existe un autre corps, un autre monde. La priorité n'est pas de repenser l'éthique, l'effondrement et les représentations, mais de (se) ressentir et se relier intimement aux nécessités fondamentales du Mouvement.*

Quand le libéral viendra vous dire que vous participez au système parce que vous utilisez un smartphone, vous pourrez lui répondre que vous n'aviez pas besoin de cet objet, mais qu'il vous a été imposé par un consortium capitaliste faisant en sorte de marginaliser toute personne qui ne l'utilise pas. Rien de naturel, rien d'indispensable. Par ailleurs, ne partageant point les valeurs de la marchandise, vous développez le plus possible les communications réelles. Vous vous considérez comme un esclave enchaîné qui fait au mieux à son niveau pour lutter contre le taux de profit, le travail et le confinement. Vous verrez derrière le sourire *cool* du libéral le rictus de l'avare vous envoyant les forces coercitives de l'État de droit pour réprimer toute alternative. On passe vite du *sotfware* au *hardware*. Il est plus facile de convaincre un esclave habitué à son esclavage dans un confort tout relatif que de faire croire à un esclave enchaîné sur l'entrepont qu'il est en train de faire une croisière touristique. Le sens du réel est une question de mémoire profonde, d'expérience vécue et directe.

Nous sommes bien en-deçà du changement de représentation à la manière des écologistes, qui tentent d'édifier une nouvelle pseudo-morale fondée sur la coercition « vertueuse » pour les autres et « la sobriété pour sauver la planète ». Émettre de nouveaux commandements en réformant les représentations n'a jamais fait autre chose qu'éloigner la personne de l'expérience d'elle-même. Une pierre en plus à l'édifice spectaculaire du théâtre de la mort. Il s'agit d'un rapport au monde qui vient des tripes, du ventre, de la chair et des os. *À chacun de faire son propre chemin de crise pour sentir et comprendre que le mode de vie capitaliste est toxique, et ce non seulement à travers ses produits, mais dans sa manière même de produire.* Les produits (vegan, bio, énergies « propres », etc.) et les comportements (sport, méditation, tri sélectif, etc.), qui semblent les plus sains, n'échappent pas à cette logique. Le danger est que les défenseurs de ces produits et comportements participent d'autant plus au système qu'ils croient y échapper alors qu'ils le renouvellent.

Cantonnées dans des luttes partielles et donc récupérables, la plupart des associations écolos sont tombées dans le piège de la peur du virus, parce que justement elles en sont restées à la représentation et à l'éthique de la bonne santé. Elles n'ont pas assumé une critique intégrale de notre rapport aliéné à la toxicité intrinsèque du Capital et de toutes ses propositions. Nous avons pu suivre également le vaudeville des bobos qui, hier, se complaisaient dans les leçons de morale et les révolutions (sur le papier) pour, en un instant, s'incarcérer chez eux. Les masques sont tombés par millions.

En revanche, chacun a vu des personnes dont il était difficile de penser qu'elles ouvrent les yeux ; la perspicacité subsiste en elles, sans qu'il soit besoin d'exhiber les drapeaux. À ce titre, dans mon milieu d'énergéticien, pourtant dépolitisé, je participe à des groupes qui se sont formés dans le but de réfléchir et dénoncer la manipulation. Ce sursaut s'explique par le fait que, d'une part, étant habituellement attaqués par la médecine conventionnelle, ils en connaissent les rouages pervers, et, d'autre part, prônant une approche holistique, ils sont portés à regarder le monde comme un tout insécable et, enfin, travaillant sur le corps, ils sont parmi les premiers à subir les conséquences brutales de la marginalisation sociale. *La prise de conscience et l'ardeur dans la lutte supposent souvent une persécution mondiale, une offensive de l'idéologie de la terreur et une prolétarisation extrêmement rapide.*

Sortir du capitalisme implique de ressentir et revenir aux besoins premiers. Retrouver les appels du corps, le goût des aliments, les joies du déplacement. Sensations de plaisir, de souffrance, de joie, de tristesse, de colère ; aucune émotion n'est à exclure. Laisser son système immunitaire agir sans se précipiter sur des médicaments. Laisser son corps vivre sans le contrôle du mental. Laisser se dissoudre le règne de la mauvaise foi. Se laisser aller au vide et à l'ennui. Suivre le rythme des jours et des nuits, des repas et de la fatigue. Se nourrir aux bonnes informations avec un rythme personnel, afin de ne pas sombrer dans le désespoir ou les faux espoirs. Sortir de son ghetto narcissique, conjugal, social pour renouer avec le collectif. Et se rassembler, se rencontrer, se toucher : que la peur ne vienne pas raviner les coupures traumatiques du corps. En suivant ce fil intime corporel, on en viendra tout naturellement, selon un rythme à la fois personnel et collectif, à remettre en question radicalement les règles de comportement, l'éducation, la culture, l'histoire, le travail, le confort, la sécurité, le système de santé, l'agroalimentaire, la techno-science, l'information, le virtuel, la privatisation, l'État, la loi, le capital, le 2.0. Bref : notre rapport à la mort. Cette dernière ne sera plus ce squelette grimé qui jaillit des écrans et que l'on retrouve avec effroi pour avoir tenté de l'oublier. Les rhizomes du Capital se retirant de notre corps et de notre imaginaire, nous pouvons enfin suivre le mouvement du réel. *L'état de guerre s'évanouissant en nous, il redevient stimulant de lutter en toute cohérence, et il redevient possible de vivre avec ce qui nous échappe ; en paix avec la mort.*

Contribution à une nouvelle résistance (3)
À propos du film *Hold-up*

23 novembre 2020

Le film *Hold-up* de Pierre Barnérias ne m'a pas choqué. La censure qui s'est abattue m'a choqué. Les débats stériles m'ont abattu. Conspiration ou non, est-ce vraiment le problème ? Quand le totalitarisme se vêt des habits de la loi (« Sécurité globale »), cela ne peut plus tromper : nous sommes passés de l'autre côté. Le pire côté de l'histoire. Je passe la frontière italienne. J'écoute le récit de mes camarades à propos de la dernière manifestation à Paris et à Berlin. Nous subissons le quatrième contrôle de passeport. La police vocifère : « Pourquoi allez-vous en Italie ? Que faisiez-vous à Paris ? Pourquoi Paris ? Avez-vous du cash ? Avez-vous de l'argent sur vous ? Combien ? » Mes amis racontent la joie de se retrouver. Joie immédiatement désintégrée par « la violence décomplexée de la police ». Les jeunes vomissent leur bile sous les gaz, les *sittings* sont balayés à coups de karcher, les journalistes se retrouvent en garde à vue *manu militari*, sur les écrans défilent les chiffres truqués des médias de propagande. Soyons sérieux : dénoncer un complot à ciel ouvert, est-ce encore du complotisme ?

Le film a eu le mérite de susciter la réflexion chez certains et de provoquer un semblant de dialogue en marge d'une pensée unique bien armée. Puis le débat a de nouveau été court-circuité par l'invariable arsenal de fausses questions. On continue d'esquiver ce qui, à mon sens, est l'essentiel : *l'instrumentalisation systémique du Capital.* Cela signifie que, pour comprendre la crise, il faut avoir un point de vue global sur la dynamique de la plus-value, dont la mécanique est relativement basique. But du système : faire du profit. Moyens : tous. Plus en détail :

1) Tout est bon pour privatiser, dévier les flux économiques, déstructurer les tissus sociaux, dézinguer les identités, exploiter les classes populaires, imposer les formes de consommation, militariser les rapports sociaux, détourner l'attention ;

2) Se saisir de tout ce qui passe sous la main pour l'utiliser à son avantage : islam, terrorisme, antisémitisme, concurrence chinoise, immigration, populisme, élections, un virus, un documentaire, la pluie, le beau temps, un pet de grenouille... Que le Capital soit un mécanisme de pouvoir concernant tout le monde – et non quelques milliardaires – ne signifie pas que nous ne puissions identifier ceux qui soutiennent le messianisme libéral, de ceux qui résistent à la prophétie, et de ceux qui ne savent pas très bien à quel saint se vouer. Même si le parcours de chacun rend ce tableau mouvant et que les coups du sort ébranlent les croyances, le compte en banque, en général, décide de l'idéologie embrassée. Mais pas que. Le système marchand a tellement colonisé nos modes de vie que nous avons du mal à prendre du recul pour voir, sentir, penser différemment. Cette prise au réel est néanmoins indispensable pour sortir de l'emprise de la marchandise.

Plutôt que d'alimenter le débat, je propose de reprendre certains thèmes du documentaire et de montrer leurs liens. J'espère faire apparaître la cohérence inflexible du Capital qui, tendant à se dé-matérialiser, réalise des millénaires de civilisation.

Politique sanitaire

Entre monologue et déclaration officielle, le ministre laisse entendre au micro de l'Assemblée nationale qu'il pédale dans la semoule. À sa décharge : à force de sophistications, il devient difficile de ne pas être désorienté : « Il est prouvé que le masque ne fonctionne pas pour la grippe », mais, ô miracle scientifique, il fonctionne pour le Covid-19. Parfaitement *fit* ! Quelle incroyable maîtrise de… marketing ! Toute coïncidence entre la réalité et le marketing est accueillie par un tonnerre d'applaudissements. Un tonnerre cadencé, en rythme presque parfait. Trop. Les députés seraient-ils déjà télécommandés ?

Les masques ne sont que la partie « visible » d'une politique sanitaire menée depuis 1945. Contrairement à ce que voudrait nous faire croire le gouvernement, le Covid n'est pas la cause du problème : il ne fait que révéler et amplifier un problème déjà ancien.

Que penser de la politique hospitalière qui continue sans faillir, en accumulant les morts, de supprimer des lits, de retarder des opérations urgentes, d'effectuer les diagnostics trop tardivement ? Que penser de la corruption ayant trait aux facturations hospitalières, aux consultations médicales, à la délation rémunératrice, aux contrats opaques entre cliniques privées et hôpitaux publiques ? Que penser des abus de classement Covid et de l'interdiction des autopsies ? Que penser de cette inflation de tests qui ne sont pas fiables et dont l'interprétation des cycles varie selon les règles de chaque pays ? De l'interdiction de la chloroquine utilisée depuis des années et passée à bas prix à la faveur d'un Remdezivir onéreux, dont l'efficacité est contestable ? De la remise en question de la liberté de prescription ? Des vaccins basés sur l'ARN messager faits à la va-vite contre un virus mutant, dont on commence seulement à comprendre les mécanismes ?

Ce tsunami politique dépasse le cadre sanitaire. Il vient envahir l'épistémologie et l'histoire. Le comptage et les statistiques sont torturés de manière à augmenter le nombre de morts. On joue insidieusement sur les nuances entre létalité et mortalité. On met en place les « cas contacts » pour augmenter les potentialités de contamination. Les institutions produisent des chiffres hors de toute vraisemblance : il devait y avoir 500 000 morts en Angleterre, 10 millions en Afrique, et il risque d'y en avoir 400 000 en France en novembre. On n'hésite pas à comparer l'incomparable : la peste noire qui a décimé presque la moitié de la population européenne ou la grippe espagnole qui a emporté 10 % de la population en 1918, la grippe de 1968/69, qui a fait plus de 30 000 morts en France, épidémies qui, malgré leur haut degré de létalité, n'ont pas débouché sur un confinement mondial. On passe sous silence la létalité de la tuberculose, de la malaria, celle des cancers, des maladies cardiovasculaires, respiratoires, des maladies dues à la pollution. Les grippes et les maladies saisonnières ont subitement disparu du globe. Pendant ce temps, un chiffre devrait nous alerter : la hausse du taux de suicides.

Sous couvert de protection sanitaire, on découvre les quatre visages d'une véritable censure politique :

1) censure directe dans les réseaux sociaux, les agences de presse, sur les journalistes, les lanceurs d'alerte ;

2) censure indirecte par compresseur idéologique sur la pensée et le langage à travers les médias, les administrations nationales, les comités exécutifs, internet ;

3) censure de diversion avec l'instrumentalisation de tous les sujets tendus, de l'islam au terrorisme, en passant par l'immigration, le genre et le climat ;

4) censure répressive visant à étouffer tout esprit critique, contestations et contre-pouvoirs avec le confinement, les verbalisations, les violences policières/judiciaires, les lois totalitaires.

Devant autant de faits réitérés, il n'est plus possible de parler de simple « mauvaise gestion » ou de ministres égotiques et têtus n'avouant pas leurs erreurs. En revanche, nous reconnaissons parfaitement l'application du programme libéral. Certes, mais cela ne suffit pas. Le libéralisme évolue selon plusieurs étapes et à plusieurs niveaux. Il prend des contours précis qu'il nous faut étudier, surtout aujourd'hui qu'il atteint la perfection dans ses ravages. En suivant le fil des faits, nous apprenons à nos dépends que ce modèle ne privilégie ni la guérison, ni la prévention, ni la collectivité, ni l'individu. Nous découvrons également que, malgré l'état d'urgence proféré à tue-tête, aucune politique d'urgence n'est mise en place. Seules d'infinies contraintes paradoxales échoient sur le citoyen pour lui faire perdre la tête, lui ôter toute possibilité critique et s'assurer de sa soumission. L'obsession du modèle libéral en ce qui concerne la politique sanitaire se concentre sur un seul facteur : *le vecteur de contamination*. On se préoccupe plus de contaminé que de mortalité, de contaminé que de santé, de contaminé que de continuité thérapeutique. Pourquoi suivre le fil de la contamination ? La contamination, qui nous vient d'un *pattern made in USA*, du style Mc Kinsey, est le concept sanitaire le plus adéquat au modèle libéral autoritaire.

Il permet d'abord au pouvoir en place de se déresponsabiliser de la faillite organisée depuis 1945, et d'en rendre responsables les citoyens afin de pouvoir justifier l'intensification des quatre visages de la censure. Et ce concept permet aussi l'entrée fulgurante et totalitaire de l'IA à travers les *statistiques*, notamment les prévisions statistiques. L'IA, qui possède une force de calcul incomparable, serait prédictive. Il nous faut suivre ce calcul transcendant provenant d'un cerveau supérieur. Et si, par un étrange défaut, les prédictions étaient insolites ? *On fera alors en sorte que la réalité se métamorphose selon les prédictions.* On investira plus encore afin d'améliorer le programme. À aucun moment, le modèle de base n'est remis en question. Cette « performance », qui consiste à faire exister ce que le chiffre prédit, est le label du totalitarisme numérique. Imposé avec force et violence, ce paradigme n'a rien de nécessaire. 500 000 morts tous les six mois, une planète entièrement contaminée, un virus quasiment éternel, humains encore un effort pour donner raison à la prophétie ! À travers la gestion sanitaire numérique s'affirme la volonté de faire de l'algorithme une nouvelle cadence planétaire, de la science dure une religion de la vérité, des technocrates une nouvelle race de prêtres et du puritanisme le prochain comportement.

Post-humanisme

Le transhumanisme, qui semblait sortir de Goldorak, du cyber-punk et de la science-fiction, ou, pour les plus pessimistes, de l'eugénisme nazi, est devenu le nouvel habit idéologique du pouvoir libéral. Un pouvoir qui s'est emparé des institutions pas à pas. Des institutions préparées de longue date pour réceptionner un pouvoir absolu. Pourquoi nous, les citoyens, n'avons pas pris au sérieux le projet de modification de l'homme et de la nature par la science, de domination des corps et des esprits, d'exclusion sans précédent d'immenses masses humaines ?

Parce que les classes moyennes ont besoin de bonne conscience et d'être perpétuellement rassurées : le système pour lequel on vote ne peut avoir de désirs aussi morbides. Nous sommes intelligents, nous sommes relativement gentils, nous sommes en démocratie. Il est difficile de concevoir que les Trente « Glorieuses » ont été faites pour abrutir à la consommation, pour assujettir aux valeurs du travail, de la croissance, de la méritocratie, pour que le patronat et les grands groupes privatisent à tour de bras avec l'aide de l'État et des syndicats. Surprise, indignation. Trop tard. Dorénavant, le système libéral distinguera le normal et le pathologique de la manière suivante : d'un coté les inutiles, les vieux, les pauvres, les ignorants ; de l'autre, les utiles qui maîtrisent l'IA, les jeunes qui font de la plus-value, les riches qui détournent les flux, les experts qui décident des dogmes. Est-ce vraiment une nouveauté « négationniste » ?

Ce qui est nouveau, en revanche, c'est que les restructurations élaborées par le FMI au détriment du tiers-monde s'appliquent désormais aux intouchables démocraties. Ce qui est nouveau, c'est que la mort soit devenue l'enjeu d'une mise en scène terrifiante. Ce qui est nouveau, c'est que depuis leur *green bunker*, les classes riches déversent la théologie scientifique d'une immortalité à portée de main. L'idéologie du vecteur de contamination, forme sanitaire du séquençage numérique de l'IA, continue d'atomiser, analyser, isoler. On sépare l'homme de la nature, l'esprit du corps, les groupes humains entre eux, les individus entre eux et, pour finir, l'individu en lui-même. Confinement à tous les étages. Simultanément, on ré-agrège les mille morceaux selon la norme digitale. Travail *on line*, yoga *on line*, Noël *on line*, consultation *on line*, sexe *on line*, flux financier *on line*, etc. La nuit, l'espace public devient le spectacle silencieux des passages de livraisons Uber ; le jour, les citoyens arborant un masque anonyme, hagards et munis d'une attestation, circulent sous les va-et-vient de contrôles arbitraires.

Science et technocratie

La science est devenue gage de vérité. On peut dire tout et son contraire pourvu que ce soit « scientifique ». On a oublié que la science est un point de vue sur le monde. Un point de vue rationnel qui sépare un sujet qui mesure d'un objet mesurable. Or, la plus grande partie du monde ne se mesure pas et, à partir du moment où on le mesure, une grande partie de ce monde nous échappe. L'objet mesurable « monde » n'est pas le monde. C'est la grande découverte de la physique quantique nommée « réduction du paquet d'onde » : on ne mesure que ce que l'on peut mesurer, c'est-à-dire peu. Beaucoup d'anciennes spiritualités l'avaient compris : la présence spirituelle se trouve dans l'unité du monde hors de l'entendement rationnel. Pourtant, désormais, même les spiritualités se réclament de la science, c'est dire la prégnance du dogme. Le plus délétère de cette religion scientifique est qu'elle amène *l'humain à ne plus se faire confiance, ni dans les signes de son corps, ni dans les signes de son temps.* La science nous dit si nous sommes malades ou non, ce qu'il faut croire et ne pas croire, ce qu'il faut faire et ne pas faire, quitte à nous isoler de ce qui nous fait vivre, quitte à devenir fou, quitte à mourir sous la misère et la terreur. Pour notre bien.

Contrôle des ondes : la 5G

Voici le nouvel artefact de la religion en vogue : la 5G ! Elle permet l'élaboration, la circulation et l'accaparement de nos données. Comme chacun sait, nous sommes un paquet de données qui passent entre les administrations numériques. Banques, ministères et firmes décident de nos déplacements, de nos affectations monétaires, de la validité de nos opinions, de notre vie et notre mort économiques. Cette interconnexion s'immisce à l'intérieur des corps. Les nanotechnologies permettent de nous transformer en cyborg : on investit le « matériel biologique » avec du « matériel technique ». On passe de « l'intelligence naturelle » à « l'intelligence artificielle ». Présupposé de base : la nature est plus bête que le robot. Cela vaut bien le viol régulier de notre corps et de notre esprit. Le séquençage technocrate met en place un contrôle du *bios* qui achève le *bios*. On fait l'expérience de cette maîtrise dissociante en effondrements psychiques et somatiques, en fragilités émotionnelles, en détresses collectives. Les impacts de la technique sur l'environnement rendent la nature de plus en plus hostile. À côté des camps de migrants, de nouvelles formes de camps frémissent d'apparaître : camp de travail, d'éducation, de redressement, de santé pour tous. Ou, tout simplement : chez soi.

Hygiénisme

C'est ainsi que, de manière automatique, la technoscience sanitaire réactualise à son compte les comportements moraux des religions. Toutes les religions ont eu comme obsession principale de *gérer les contacts humains*. Qui gère les contacts gère les relations. Qui gère les relations gère les individus. Qui gère les individus gère la civilisation. Ce n'est pas un hasard que le transhumanisme reprenne le puritanisme américain chargée de la purification de la chair. Rien de nouveau sous le ciel honteux du rapprochement des corps. Totems, religions, inquisitions, chasses aux sorcières, puritanisme, maccarthysme, hygiénisme... Les USA, et maintenant la Chine, dictent les prochaines étapes de la dissociation entamée depuis le néolithique. Nouveauté ! On a la preuve scientifique que le contact est dangereux : *il contamine*. Il fait passer la vie, donc la mort. Mieux vaut ne plus toucher, ou alors avec de multiples barrières. La masturbation en face d'un écran à l'aide d'un sex-toy protégé par un préservatif et à proximité d'un gel hydroalcoolique devient le *nec plus ultra* de la sexualité. Si, par malheur, on ne peut éviter le « contact », le masque et la levrette sont recommandés. Les banques de spermes explosent. Les utérus artificiels sont en cours de réalisation. On fera bientôt un enfant à soi-même. Les genres sont voués à disparaitre au profit de races cybernétiques neutres et hybrides. À partir du moment où l'humain décida de mettre sous contrôle le sens du contact, le toucher et la sexualité, il ne pouvait qu'aboutir au séquençage et à la reconstruction des corps et des organes. Cette guerre au contact, qui se célèbre tantôt sous le signe du libre arbitre et de la jouissance, tantôt sous le signe de la peur et de la phobie, n'a qu'un seul objectif mythique : *la maîtrise de la matière pour tuer la mort*. Négation de l'inéluctable qui nous dévoile les marches d'un escalier infini, jusqu'au jour où le mouvement réel nous tombe dessus.

Capitalisme

Peut-on encore s'étonner que ce choix du « vecteur de contamination » et du « sans contact » aille dans le sens du Capital ? Spéculations boursières sur les prochaines faillites, disparition des liquidités, extension du système bancaire, concentration des richesses, fusions des grands groupes : laboratoire, arme, numérique, agroalimentaire, multinationales des ressources, drogues, etc. Le champagne coule à flot entre l'État et le privé qui, main dans la main, ordonnancent le renouvellement de l'exploitation vers l'accroissement de la domination, de l'isolement et de la dématérialisation. On passe du pétrole au lithium. On passe du capital industriel au capital numérique. On passe d'une massive classe moyenne à une paupérisation de masse. Comme l'exprime si délicatement le courrier de Sanofi du 30/10/20 au ministre de la Santé : « Dans ce débat [hydroxychloroquine] qui ne relève pas de notre sphère en tant que société exploitante de cette spécialité, je souhaite m'en remettre à la sagesse des gouvernements. »

À l'imposture de l'État de droit suit l'abrupte réalité de l'imposition aberrante de la mise en demeure chez soi. Maîtriser les rassemblements, c'est juguler tout contre-pouvoir. Qui peut encore douter que les grands groupes souhaitent réquisitionner, diriger et contrôler tous les moyens humains, financiers, énergétiques ?

Le fameux « reset » est le nom à la mode numérique pour masquer le nom économique du séquençage continuel : *la plus-value*. Profiter de l'homme et de la nature jusqu'à l'os, jusqu'à la dernière ressource, jusqu'à ce que mort s'en suive. « Sœur Anne ne vois-tu rien venir ? Je ne vois rien que la privatisation des retraites, des services publics, des ressources et de tout ce qui existe. Je ne vois rien que le démantèlement des lois du travail et les licenciements en masse. Je ne vois rien que l'effondrement des PME, des artisans et des petits commerçants. Je ne vois rien que la nuit et la misère qui s'étendent. Je ne vois rien que les hommes amers et affamés se retournant contre leurs frères. Je ne vois rien qu'une civilisation au pied du mur. Je vois la dictature qui entre dans la ville. »

Que reste-t-il de nos émotions ?

La terreur n'est pas la peur. La peur est un instinct animal, la terreur est un comportement induit à partir de manœuvres basées sur la contradiction, la saturation, la sidération, la répression. La peur peut faire fuir, réfléchir, sauver même parfois. Elle est un système d'alarme. La terreur immobilise, désarme et rompt. Elle est l'affect brisant la chaîne émotive. *Affect du séquençage, puis de la manipulation*, elle vide et congèle. Séquencés, nous sommes manipulables. Si la terreur s'est emparée de nous, c'est que nous avions déjà perdu le contact avec nos émotions. Déconnectés du corps intime et collectif, nous sommes sous anesthésie ou nous dramatisons nos sensations. Nous avons perdu la boussole. La vie est devenue une menace. Nous craignons tellement nos émotions, la mort, la vie et le contact, que nous poursuivons le séquençage par cette fameuse « distanciation sociale », qui déchaînent nos phobies nourrissant la terreur.

Le dogme de la non-violence et de l'amour universel va dans le sens de cette « distanciation sociale ». La contrainte à l'amour est encore une contrainte ; toute éducation émotionnelle est violente et dissociante. Partons plutôt du fait que la violence fait partie du monde des émotions, et du monde tout court. La distanciation est violente. L'expropriation est violente. La misère est violente. La guerre est violente. Ouvrir les yeux est violent. Aimer peut être violent. La question n'est plus « violence ou non-violence ». Après la reconnexion au réel à coups de matraques, de gaz, de perquisitions et d'impositions touchant à tous les aspects de la vie, la question est : qu'allons-nous faire de notre violence ? Qu'allons-nous faire de notre colère et de notre rage ? Et aussi, qu'allons-nous faire de notre empathie, de nos liens sociaux et de nos liens d'amour ? De quoi sommes-nous capables pour sortir de l'état de terreur ? Maudits ceux qui nous apportent des réponses toutes faites, générales ou biaisées, car, pour l'heure, seulement se réunir est devenu dissidence ; commençons déjà par faire ce pas...

Contribution à une nouvelle résistance (4)
Manifestation du 28 novembre 2020 : y'a de l'espoir !

1er décembre 2020

Soyons clairs : la coupe est pleine. Si pleine que n'importe quel événement aurait libéré la colère. Pour l'État, l'urgence est de discréditer la colère de ce peuple. Connaissant la machine de propagande, nous pouvons nous demander comment une vidéo aussi choquante[20] tourne en boucle dans les médias mainstream, alors que, pendant deux ans, aucune vidéo où l'on voit la sauvagerie de la police sur tout le monde n'a jamais envahi les médias ? Un but, trois règles et un spectacle, soit :

– le but : instrumentaliser la colère de manière à diviser ;

– les trois règles : 1. passer sous silence les vrais motifs de la colère ; 2. réduire le débat à un sujet partiel mais porteur ; 3. favoriser une victime plutôt qu'une autre.

– le spectacle : les médias français semblent cadrer le débat par avance en le cantonnant à une opposition entre les défenseurs des minorités contre ceux des policiers, immédiatement victimisés par le système. Or, les médias omettent à dessein que la violence qui s'est abattue sur le producteur a eu comme prétexte le non-port du masque dans la rue. La propagande combine ainsi deux dissimulations : la première concerne les violences que

---

20. Le soir du 21 novembre 2020, durant le deuxième confinement sanitaire survenu en France, Michel Zecler regagne à pied son studio d'enregistrement à Paris. À ce moment-là, deux agents de la police nationale l'interpellent pour défaut de port de masque. Michel Zecler est roué de coups de pied, de poing et de matraque, pendant six minutes dans son studio. Il accuse les policiers de l'avoir frappé violemment et insulté en le traitant de « sale nègre ». Le rapport des policiers, qui nient tout, est fortement remis en cause par les images vidéo diffusées sur le web, puis sur les différentes chaînes de télévision françaises. Sans la caméra de vidéosurveillance, les quatre policiers n'auraient jamais étés mis en examen et le producteur serait probablement en prison.

l'extrémisme sanitaire provoque ; la seconde porte sur la généralisation de l'exploitation à tous les échelons, ainsi que la répression généralisée à quasiment toutes les classes et toutes les races, la casse sociale, l'angoisse du futur, les contraintes de comportement, l'obligation du travail *on line*, la digitalisation, l'emprise des lobbies, la taxation étatique, les faillites... En deux mots : la restructuration inhumaine du capital sous couvert de pandémie, et le peuple, pris dans son ensemble, envoyé aux oubliettes. Le tour est joué.

Faut-il encore rappeler que la police est le bras armé d'un État devenu autoritaire ? Faut-il encore rappeler que les médias parlent la novlangue insensée de ce même État ? Faut-il encore rappeler que la pauvreté économique et la barbarie étatique ne touchent pas seulement une minorité, mais une majorité grandissante ? Faut-il encore rappeler que la contestation qui s'étend dans toutes les couches sociales est écrasée par le fanatisme libéral ?

Un policier conscient, c'est celui qui enlève son casque et se rallie au peuple. Un politique conscient, c'est celui qui ne creuse pas le piège de la diversion pour son propre compte. Un journaliste conscient, c'est celui qui dénonce les manipulations sans suivre le cours insidieux des publicités, des « scoops », de l'argent, du consensus et des paroisses idéologiques. Un citoyen conscient, c'est celui qui descend dans la rue pour destituer tout ce beau monde. Nous en sommes loin. Et pourtant. Tous ? Non. Hier, je n'ai pas vu de policiers, de politiques, ni de journalistes particulièrement conscients. En revanche, j'ai vu des citoyens. Des citoyens par milliers. Conscients. Nous avons parlé entre nous. Beaucoup. Un immense rond-point entre République et Bastille. Aussi incroyable que cela puisse paraître, nous n'avons pas échangé un seul mot à propos de la vidéo. Tous les jours, nous vivons le harcèlement de l'État, qui programme son propre effondrement pour faciliter l'emprise des multinationales. Nous savons l'immense danger d'une dictature en marche, qui émerge dans la violence en accumulant de longues séries d'injustices. Nous avons dressé, chacun à sa manière, le constat d'un massacre qui gagne tous les aspects de la vie individuelle et collective. Le peuple qui était là n'était plus complice. Le peuple qui était là dépassait les divergences requises pour les petites manigances du sérail. Le peuple qui était là a saisi qu'il se joue une transition historique dont ils veulent être les acteurs. Le peuple qui était là était courageux, intelligent, splendide.

Aux donneurs de leçon et aux fomentateurs de faux débats, taisez-vous, quittez vos écrans, venez avec nous. À celles et ceux qui étaient hier dans la rue, et à tous les sympathisants qui n'ont pu y être : ne vous laissez pas berner par les sirènes provocantes et perverses du système. Nous nous sommes reconnus, nous nous sommes unis, nous nous sommes battus. À tous ces jeunes que j'ai rencontrés, je vous dis de tout mon cœur et fort de mon expérience : la résistance continue. Maintenant, c'est vous. Ne lâchez rien.

*

Pour certains, il est difficile d'arriver : contrôles. Beaucoup de mes potes ne peuvent pas venir. Manque de trains, excès de surveillance. À l'arrivée, on fouille loin sous les vêtements, au cas ou nous aurions des lunettes de plongée pour nous protéger des gaz et un casque pour nous protéger des coups. Les passages sont bouclés. Nous entendrons, dans les rues adjacentes, des flics femmes, mères fouettardes au porte-voix, indiquer sévèrement la route à suivre pour entrer et sortir. En deux ans, la police a changé de visage. Nous constatons le résultat de la purge dans les rangs et les syndicats : plus aucun vieux de la vieille défendant des valeurs citoyennes de protection, juste des gamins rasés et des gamines (effet collatéral de l'égalité), plein d'armes chimiques et de plastiques (effet collatéral de la restructuration du complexe militaro-industriel). Ça sent l'individualisme et l'acculturation.

Malgré les obstacles administratifs, policiers et médiatiques, il y a beaucoup de monde. En vrai, un monde de fou ! C'est incroyable. En tant que GJ, nous avons du mal à y croire. Nous nous saluons, mais il y a plein de têtes nouvelles ; plein, plein, plein. Nous nous frottons les yeux. Nous réalisons. Après deux ans de guerre épuisante, ils sont là. Ils sont là avec nous, nous avec eux ! Les renforts sont arrivés. Nous avons tenu pour vous, les gars. Les jeunes ! Toutes les couleurs, tous les âges, toutes les classes sociales. Enfin ! Noirs, Maghrébins, femmes, hommes, ado, retraités, classes moyennes, etc. Dans l'effervescence, personne ne tirera la couverture à soi. Les écolo découvrent que nous sommes tous écolos. Nous avons fini par comprendre que le libéralisme ravage aussi bien l'homme que la nature. Même les syndicats sont là. Pareil : pris dans la bonne énergie, ils n'imposent pas leur marche fonctionnaire « à 15 h 25, on s'barre ». Et puis leur camion, nous en avons besoin : musique ! Les drapeaux rouge, jaune, noir, bleu-blanc-rouge et arc-en-ciel flottent dans le vent, donnant des repères dans l'immense rassemblement. L'union sans vouloir. L'union sans prévoir. Tous surpris. Personne ne s'y attendait. Ça prend. Allez savoir pourquoi. Magie de l'énergie primordiale. Les gens afflueront jusqu'à 18 h. Mon frère m'appellera le soir pour m'annoncer les chiffres de la préfecture : « 130 000 personnes ». Stupéfaction : « Fréro, en voyant le peuple qu'il y avait, c'est ce que nous nous disions : entre 100 000 et 150 000 personnes. Je ne comprends pas comment la préfecture peut dire la vérité. » « Ah non, pardon, c'est pour toute la France... » Nous éclatons de rire. Il est *old school*.

Encore outragé des mensonges d'État et de la désinformation de la presse usurpatrice – *Le Monde*, *Libé*, France Culture, etc. Un monde s'est écroulé. Devant la réalité de terrain, il devra bien admettre que les médias mentent sur tous les sujets et que, si la police est « fasciste », c'est avant tout parce qu'elle obéit à un état totalitaire.

L'ambiance est électrique et bon enfant à la fois. Genre : « Je suis cool, mais t'as pas intérêt à venir m'emmerder. » Les gens n'en peuvent plus. Ça frémit d'une énergie indomptable : celle de la détermination mûrie par chacun dans son coin et qui se rassemble de manière imprévisible. Les citoyens n'ont plus confiance en leurs représentants. Les directives politiques données à la police sont de plus en plus claires : démolir toute contestation. On veut nous habituer à la violence policière. Bientôt, nous nous habituerons aux balles réelles ou à d'autres nouvelles formes de morts létales à retardement. Amputations, défigurations, dégradations des muqueuses, asphyxies des poumons, condamnations abusives, mort économique, suicides, etc. La gauche et la droite ont abandonné le peuple. Les politiques jouent leur parti. Ils surfent pour eux-mêmes. Comme dit mon commerçant breton : « C'est la loi de trop. » La vérité abrupte vient du bitume : les citoyens dans la rue avec leur propre conscience, avec leur expérience de la survie et de la soumission, avec leur courage et leur persévérance.

En haut de la statue de la République, les mains se tendent pour aider à monter, à descendre. Nous accrochons les banderoles, nous lâchons les ballons jaunes, nous regardons les flots humains arriver de loin.

Direction Bastille. Manif interdite, puis autorisée, mais immobile, puis parcours entre Répu et Bastille autorisé, puis interdit. Bref, nous n'y comprenons plus rien. Comme d'hab'. Mais la beauté du truc, c'est que tout le monde s'en moque : nous descendons, c'est tout ! C'est comme le choix des mots d'ordre : Liberté de la presse ? Violences policières ? Lois liberticides ? Destruction de l'État et des services publics ? Lois du travail et des retraites ? Gestion sanitaire ? Retour programmé vers l'esclavage ? Crise économique ? Simple : ce sera pour tout. Toute la violence libérale. Et ce sera immobile entre Jacques Bonsergent et Bastille tellement il y a de monde. Interdit de se rendre à Nation : il faut contraindre le cortège, l'empêcher de respirer. Le parcours est bien balisé. Barrières anti-émeute de 3,50 m tout autour de la place de la Bastille, et autour de la Bastille même, barrières de 4 m. Le symbole est lourd. Derrière les barrières, comme vous vous en doutez, c'est bondé aussi. Robocop avec son matériel.

Nous n'avançons pas. Ça rame, mais c'est trop bonne ambiance. Les jeunes arrivent. Ils sont en pleine forme. Il n'est que 15 h 00. À partir de 15 h 30, ce ne sera plus possible de bouger : trop compact, trop peu d'espace. J'entends les manifestants s'envoyer des vannes : « La distanciation sociale, mec ». Ils sont remontés.

Les commerçants sont restés ouverts. Tranquilles, ils saluent les manifestants. Le coiffeur est trop rigolo : il sort de temps en temps pour nous saluer, puis rentre continuer son travail, sourire aux lèvres, en brossant les cheveux de sa cliente. En revanche, quand la police arrive, tous ferment boutique. Nous savons qui est le loup.

Je rencontre un jeune couple, adorables vendeurs dans une grosse entreprise. Eux aussi sont enthousiastes de la tournure de la manifestation. Ils ont une conscience aiguë que la faillite des PME sera reprise à la faveur des firmes, tout comme la faillite des petites banques sera une aubaine pour les plus grosses. La concentration des richesses, les fusions et la mécanique boursière ne leur échappent point. Ils vivent personnellement que les emplois créés sont au plus bas de l'échelle des salaires. Intelligence difficile à trouver, aujourd'hui que l'histoire et le politique sont ré-écrits à la télévision et dans la presse mainstream. Mais attendons : le réel aura raison du vaudeville.

Ces jeunes découvrent l'intensité d'un rassemblement. La joie de se retrouver. Se retrouver pour une cause commune. Se retrouver pour construire une vie non aliénante. L'intensité d'une cause vibrante. D'une vibration réelle à fleur de peau. D'une rencontre pleine de sens. L'adolescence retrouvée. La désobéissance vitale face à la folie du contrôle et du profit. Encore un peu et ils laissent tomber Netflix. Encore un peu et ils laissent tomber les réseaux sociaux, les dialogues de sourds effondrés sur les écrans, les fausses rencontres. Nous plaçons les chaises sur la place au milieu des feux, nous parlons à l'inconnu, nous marchons en dansant. Ne ré-ouvrons pas les bars ! Portes closes aux discothèques ! Désertez les Galeries Lafayette ! Reprenez la rue ! *Notre maison n'est pas une prison !*

Nous sommes loin des manifestations importées des États-Unis, où ça sent la récupération démocrate à plein nez, la grosse diversion sanitaire et le fonds de commerce de la gauche institutionnelle. Là, c'est un citoyen noir français, à un moment bien précis du cru totalitaire en marche forcée, avec des flics qui semblent parler français mais frappent universel, avec une manipulation médiatico-polique bien franchouillarde et grotesque. Ça ne prendra pas : ce que les gens voient, c'est une violence parmi tant d'autres, après des milliers d'abus de pouvoir sur tous : blancs, noirs, enfants, femmes, hommes, pauvres, moins pauvres, migrants, indigènes, papiers, sans-papiers. Ça va chercher loin, cette fois : les nourrissons, les femmes enceintes, les travailleurs, les commerçants, les soignants, les collégiens et les grand-mères. Une pensée pour la grand-mère avec une moitié de bûche de Noël, un masque sur le visage, du gel plein les mains, une chanson en retenant son souffle et des gestes de loin pour se dire bonjour à l'américaine avec un grand sourire (qu'on ne voit pas), et beaucoup de « bienveillance ». Le télé-noël avec des flics qui viennent chez vous, quand ils ont envie, pour chronométrer votre fredaine et vos distances. Et quand ils ont envie également, de se servir dans la bûche ou autre : « Si tu sors ta caméra, tu vas au poste direct. Et l'histoire, c'est nous qui nous la racontons, ok ! » Pour votre bien et avec vos impôts.

Tiens, en parlant de Noël, si la crise d'adolescence dure encore, un petit attentat – plutôt islamiste – serait du pain béni, non ? Ajoutez une cinquième vague (4e ou 6e, je ne sais plus), des casseurs et un incendie à l'Assemblée nationale, ça devrait le faire, non ?

À moins que le gouvernement ne joue les malins en amendant – voire en retirant la loi –, en condamnant un peu « l'exagération » de la racaille policière, en s'excusant un coup à gauche un coup à droite, en distribuant une médaille aux policiers (déjà médaillés pour leur bravoure envers les GJ), aux aides-soignants (qui ont refusé), aux rappeurs (nous verrons). Un petit effort pour imaginer des dissensions, des diversions, des scandales de complots complotants complotistes. Et, surtout, ne pas oublier de saupoudrer encore de quelques miettes les commerçants, les artistes, les (auto)entrepreneurs. Jusqu'au point de non-retour : « Faillite de l'État. Liquidation. Désolé, vous êtes ruinés (sauf nous). Rentrez chez vous et soyez contents d'avoir encore un toit. » De toute façon, ils sont programmés au bras de fer, au marteau, à l'enclume et à la reconduction des lois sous une autre forme. *Instrumentalisation générale à la faveur d'une privatisation générale.* Or, leur vélocité est telle que les gens n'ont plus le temps d'oublier. Les méfaits s'accumulent d'heure en heure. Et dans ce genre de stratégie de casse magistrale, l'oubli des masses est fondamental… la précarité rend la mémoire… rien n'est joué d'avance : c'est pourquoi ils se précipitent. Ne croyez pas en leur oraison funèbre.

Pendant ce temps, à Wuhan, on danse en discothèque, on y danse, on y danse, on y danse sans les masques. Qui eut dit qu'un jour nous serions moins libres que les Chinois ? Nous rions jaune. Question classement dictature, nous allons finir par rattraper l'Iran.

En France, le virus sera « éliminé » en même temps que les mouvements sociaux. Question de santé publique : les rassemblements anti-loi propagent le virus moins vite qu'avant, mais plus vite qu'hier. Ça a beau être signé par le Conseil scientifique du grand timonier Véran, les jeunes n'y croient plus.

Je monte sur un abribus. Une lycéenne de 17 ans s'y trouve déjà. Elle me confie : « On sent bien qu'ils manipulent tout. Ça part dans tous les sens. On n'a plus confiance. Mais on ne sait pas encore quoi penser exactement. » Le dogme écolo de la non-violence commence à flancher. « On ne veut pas être violent, mais, franchement, on fait quoi quand la police nous démonte, même quand on est aussi tranquille et pacifique ? » Elle m'apprend que les lycées sont sous contrôle total. J'en étais resté aux collégiens voulant plus de normes de sécurité. Décidément, la vraie information se fait en réel avec les vraies personnes. Dans certains lycées « récalcitrants », la police contrôle chaque déplacement. Elle laisse entrer les élèves un à un, faisant en sorte que personne ne se rassemble hors les murs. « L'ambiance est étouffante », me dit-elle. « Le pire, c'est qu'il n'y a encore qu'une minorité qui s'aperçoit de l'abus . » C'est vrai, mais il y a un mois, il n'y avait pas même cette minorité.

Une benne et une voiture brûlent. Normalement, c'est le prétexte pour intervention tous azimuts des FDO (forces de l'ordre) : bastonnade, séquençage de cordon, LBD, grenades de désencerclement, etc. Les pompiers tardent à venir, à cause de la densité humaine. Les voilà : en 5 minutes, c'est réglé sous les applaudissements de la foule. Mais pourquoi ne fait-on pas ainsi depuis deux ans ? C'est si simple… ah oui… suis-je bête : il faut des images de feu et de casseurs pour BFM, *Libé*, *Le Monde*, LCI, etc : « Hou hou hou, ayez peur ! » Quand tu es sur place, cela fait rire. Tu vois bien que c'est le préfet qui décide, selon le stratagème du moment, du degré de violence, qui dépend à 90 % de la police. N'essayez pas de faire comprendre cela aux drogués des réseaux sociaux et des médias mainstream, c'est peine perdue.

L'abribus se remplit. Jonathan, un jeune étudiant en troisième année de droit, observe sereinement. Je lui demande ce qu'il en pense : « Au point de vue des lois, c'est scandaleux. On ne peut rester sans rien faire ». Six nouveaux jeunes arrivent : « – Pourquoi êtes-vous là ? – Pour les libertés fondamentales. – Je suis fier de vous. – Merci, monsieur. Nous allons rester, cette fois. Jusqu'au retrait de cette loi. Les GJ, vous avez assuré ! Deux ans comme ça à vous faire dégommer, respect ! Juste incroyable ! » Reconnaissance. La reconnaissance mutuelle, c'est une des clefs de la paix. Nous nous prenons dans les bras. Cela nous galvanise.

Galvanisé, il le faut bien, car je vois les FDO sortir du centre de leurs barricades d'acier. Invasion brutale de l'espace. Après cinquante manifs, on connaît la manœuvre : ils veulent couper la manifestation, mettre la panique, nasser, frapper. Les jeunes sont désorientés. Je hurle depuis mon abribus : « Ne les laissez pas couper la manif ! Rassemblement ! Investissez le terrain ! » C'est inexplicable, mais, entre mes cris d'alarme, le ras-le-bol général, la rage des jeunes et la lourdeur des robocops, les manifestants se posent en face. Jets de projectiles, cris d'encouragement, force de la masse. Les policiers prennent peur. Ils courent à toute vitesse se cacher derrière leurs barricades. À droite, une trentaine arrive : « C'est pas fini ! À droite ! Rassemblement ! Ne vous laissez pas couper ! Investissez le terrain ! » C'est plus long, ils sont plus nombreux. Les manifestants prennent confiance. Impossible de couper. Les FDO détalent comme des lapins. Deux tombent à terre. Ils se prennent quelques coup de pieds, mais sont vite relâchés. Il faut dire qu'avec leur armure, s'ils ont un bleu, c'est déjà beaucoup. Une troisième salve, mais, cette fois, sans armure, que des casques. « À gauche ! Investissez le terrain ! » (C'est drôle quand même avec le recul : centre/droite/gauche...) Alors là, ils n'essayent même pas de manœuvrer : ils vont direct au terrier. La « Fanfare invisible »[21] rythme la course en jouant de plus en plus vite, percussions, trombones, trompettes et vent debout !

On m'appelle. C'est une bonne nouvelle : les infiltrés sont régulièrement virés. Il faut dire que nous les reconnaissons vite : en noir, montrant leurs couilles et faisant le kéké en position boxe anglaise. La première stupeur passée devant autant de violentes conneries, les manifestants les virent du cortège. Je comprends mieux pourquoi il y a moins eu de pétages de vitrines : les infiltrés se sont faits virer.

Mon ami Medhi m'appelle d'une rue adjacente en chialant : « Putain, ils lynchent le jeune homme ! Putain, c'est horrible ! Ils sont dix autour de lui ! Ils le maravent et ils lui ont fendu le crâne ! Je vois de la cervelle qui sort... c'est horrible ! Il y en a un qui fume tranquille en le regardant ! Il rigole ! Il nous fait des doigts d'honneur ! Et tous les autres qui filment sans bouger ! Ce n'est pas possible ! J'essaye de rassembler, mais ça ne marche pas ! On n'est pas assez nombreux ! Je ne comprends pas, je ne comprends pas cette violence, cet abandon. Je ne peux pas! »

Au corps à corps, les FDO ne font pas le poids devant une foule déterminée. Ajoutez à cela leurs conditions de travail, la pression des hiérarchies, ceux qu'on a mis de côté parce qu'ils pensaient

---

21. Il s'agit d'une fanfare engagée qui défile à presque toutes les manifestations.

trop et vous comprendrez comment, frustrés, ils sont rendus lâches. Alors, ils se défoulent. Ils frappent armés les désarmés, frappent à plusieurs les esseulés, plastronnent entre eux en se passant les photos de leurs exploits. Il ne faut pas croire : ce n'est pas réservé qu'aux Noirs et aux Maghrébins. La vraie division, elle s'est éclaircie en deux ans : pauvres/riches, opposant/soumis. On revient vite aux fondements.

Trente-sept policiers blessés. Ça monte à cent. Si ça continue, ça va être toute la police, même ceux qui n'étaient pas là. « Les auteurs de ces violences doivent être poursuivis. » Décidément, ils ne font pas dans l'originalité : Nuit debout avec un unique policier maltraité qui permet de vider la place de la République, la Salpêtrière « saccagée par de dangereux terroristes » (pas de chance, encore des vidéos : c'est la police qui oblige des manifestants à se replier dans un hôpital qui les accueille tranquillement), les GJ qui crèvent sous les LBD, les gaz, les coups, les descentes, les perquisitions en banlieue, etc. Je sais combien il est difficile, pour ceux qui n'ont pas l'expérience du terrain et de la précarité d'admettre que l'État est prêt à tous les mensonges pour détourner l'attention du drame sanitaire, des procès historiques en cours et des licenciements en masse. Quand est-ce qu'on poursuit la police ? Jamais. Ah oui, l'IGPN... C'est comme Sanofi et BlackRock qui subventionnent la campagne du Président... Les conflits d'intérêts se rassemblent savamment en juge et partie. Quoi de mieux que de crier à l'indignation quand le pays est mis à sac par le gouvernement même ? Et d'ailleurs, quelles blessures ? Des bleus, des foulures, une fracture du petit doigt ? Et les manifestants ? Et les crânes ouverts, et les muqueuses foutues, et les urgences à l'hôpital avec retour direct au commissariat ? Et les centaines de blessés graves, pardon les milliers ? Et les gardes à vue pour n'importe quel prétexte ? Et les peines économiques qui tuent ? J'en passe, tellement il y en a. Et même la violence que la hiérarchie impose aux forces de l'ordre devient tellement intenable humainement que le taux de suicide dans la police et la gendarmerie s'élève. Maintenant qu'ils dressent des molosses, le taux de suicide devrait baisser. Pourtant, la ligne est toute tracée depuis Charlie : la sécurité globale, ce n'est pas contre le terrorisme pour la protection du citoyen. Non : c'est le dressage du citoyen qui accompagne l'insécurité économique globale créée par l'oligarchie libérale.

Il y avait plein de journalistes, des photographes, des reporters. Où sont les articles, les photos, les reportages ? Écrasés sous la propagande ? Sous la censure ? À quoi jouent ces gens-là ? Je ne sais pas. Espérons que la vérité remontera auprès de ceux qui n'étaient pas là et cherchent au-delà du paravent des mensonges.

Tout à coup, je vois un homme masqué les bras tendus vers moi. Je peine à le reconnaître. Je me pince. Pas possible « Édouard ! Mais que fais-tu là ? » Il a beau être des beaux quartiers, il est bien là avec nous. Lui aussi n'en peut plus de cette ambiance tyrannique. C'est dire la profondeur du mal-être. Photographe, journaliste, il veut saisir le réel avec son appareil photo. Ni une ni deux, je le saisis par le bras. Il est tout nouveau. Il nous reste une heure si nous ne voulons pas finir en loques sous la nasse et les coups… Nous filons… en avant… vers les GJ… puis… le kiosque en feu, avec les effets de style des jeunes qui s'embrassent, s'assoient, lèvent le poing… mais... les gaz… araignée de fer qui vous lacère le visage… crise d'asthme, peur, larmes, bave, écume… un Gj apparaît pour nous asperger d'un produit bienfaiteur… la police charge… police repoussée… ça recharge… ça repousse… on passe derrière… certains flics vomissent leurs tripes sous l'effet des gaz… on repasse… devant… derrière… drapeaux français… les vrais révolutionnaires… ahaha… Édouard s'exclame : *Le Crépuscule des Dieux* de Wagner en ce moment même à l'Opéra, quelle synchronicité... Oui, Édouard... tu as raison... il faut faire vite... je rigole ... encore... des gaz... le pire de tout... et là, la succursale de la Banque de France... brasier... énorme ... flamboiement !... Double symbole : revanche des communards qui n'avaient pas oser prendre l'or de la BF, revanche de ceux qui ont compris que les banques centrales ont trahi leur pays en se soumettant à la BCE... il faut partir... les FDO : « Maintenant, plus personne ne rentre ni ne sort ! »... ah putain... vite... dernier passage... Édouard, lâche tes photos et ramène-toi !... nous fonçons... le cordon... sortie. Nous nous regardons. Même constat : une sale gueule.

Sortie de la nasse, retour à la normale. Les magasins ont réouvert. Guirlandes, civilités, masques et petits fours. Temple morbide de la consommation. L'indifférence hostile reprend son cours. Le choc est toujours aussi frappant.

Je retourne sur les lieux à 23 h. Dans le métro, ça contrôle de partout... même les agents de sécurité deviennent des flics... « sécurité globale » deviendra vite « délation totale »...

Les gens s'agglutinent autour des cendres de la benne et de la voiture... ils photographient... cet attrait pour les BMW et les poubelles... Je pue la guerre. Il faut rentrer.

*

Restons humbles. Suivons le cours des événements. Tout cela nous échappe.

Une seule chose est sûre : c'était beau, les amis ! C'était beau ! C'était beau ! Ne perdez pas courage. Voyez ce que les générations qui se croisent sont capables de faire. Vous n'êtes pas seuls. La confiance fait tout. Revenez jusqu'à la victoire. Jusqu'à la vie ! Investissez le terrain ! Nous avons compris, nous avons senti, nous avons vécu avec notre corps, notre tête et de tout notre être qu'un peuple uni qui n'a plus peur est un peuple invincible. Nous écrirons l'histoire. L'avenir est à nous.

Contribution à une nouvelle résistance (5)
Stratégie d'État : souffler le chaud et le froid

28 décembre 2020

Dans l'avion, l'odeur persistante du gel hydroalcoolique nous met en état de léthargie. Cela ne serait pas désagréable si je ne savais qu'il s'agit de l'odeur significative de la folie. Et si le pilote venait à s'endormir béatement sous les vapeurs du nouvel éther ? Y a-t-il un pilote dans l'avion ? J'entrevois la suite après le crash : « Déclaration du ministère de la Santé : les hommes dorment, les machines non. Licencions les hommes, cultivons la machine. » Sortie de l'avion, nouveau comité d'accueil. Parcours fléché, annonce apocalyptique, police militaire, récupération des données, file d'attente, entrée dans le sas, cosmonaute méconnaissable. Seringue pour le vaccin obligatoire ? Non pas encore : énième test nasal. Prochaine fois. Je refuse, j'ai mal, je crie. J'aurai le droit à une demi-narine devant le cosmonaute abasourdi. Mes cris se perdent dans le désert. La file avance silencieusement. Nous nous habituons à la maltraitance.

Manifestation le 12 décembre : interdiction, non-interdiction, autorisation, restrictions. Compression dans les cordons infinis de CRS, étouffement, division brutale du cortège, relâchement, nassage, ouverture, fermeture, matraquage. Désinformation, victimisation de la police, concentration sur les black-blocks, délégitimation du soulèvement, inflation de lois sécuritaires. Nous nous habituons au caporalisme.

Une rencontre, cependant. Tandis que la police manœuvre et nous enserre, C, un ancien militaire marsouin parti en Opex (opération extérieure), me décrit la technique utilisée : le chaud/froid. En l'écoutant, je réalise que cette technique n'est pas seulement réservée à la « gestion des foules en milieux anxiogène », mais qu'elle est appliquée à la vie citoyenne dans son ensemble. L'objectif : mettre les populations aux abois pour les faire accepter l'inacceptable. Comme le supplice de l'aveu : lorsque vous êtes torturé, vous admettez n'importe quoi afin que cela cesse. Une fois passé aux « aveux », le donneur d'ordre disculpé se trouve blanchi et enrichi, tandis que vous finissez condamné ou électrocuté. De manière plus moderne : licencié, ruiné, errant, déprimé, isolé, interné, vacciné.

Cette technique n'est pas un simple procédé d'ingénierie sociale, de management ou de gestion des foules. C'est une technique de guerre. Moyen (chaud) : créer une atmosphère traumatique de terreur. But (froid) : asservir. Dissipons le brouillard qui confond le peuple, ce dernier prenant le vacarme des bombardements pour des chansons. Nous sommes en état de siège. L'ennemi a révélé ses techniques : nous pouvons le désarmer.

*

Tout combattant sait qu'imposer le rythme est un élément clef de la victoire. La technique « chaud/froid » cherche à le dicter en combinant trois procédés :

1. Alternance de tension entre charge (moment dit « chaud ») et décharge (moment dit « froid »). Exemples : charge de tension en période de confinement, décharge de tension en période de consommation en extérieur ; charge avec le port du masque, décharge avec la vaccination ;

2. Fixer l'attention sur une information, un fait ou un sujet (zone dite « chaude ») pour la soustraire d'une réalité plus stratégique (zone dite « froide »). Exemples : fixer l'attention sur les violences policières pour déconcentrer de la dictature sanitaire. Porter l'at-

tention sur la dictature sanitaire pour la déconcentrer du braquage par les banques et les États ;

3. Séquençage du temps, de l'espace et des comportements (procédé dit « froid ») pour les réagencer autrement (procédé dit « chaud »). Exemples : délier les liens réels concernant la sexualité, la famille, le travail. Les relier selon des liens virtuels : masturbation avec l'écran, fêtes traditionnelles sur zoom, télétravail...

Pour montrer l'étendue de cette technique de guerre, j'en décrirai l'application lors des manifestations de rue et au sein de la société civile, à travers cinq thèmes : légiférer, gérer, surveiller, diviser, agresser. Je lancerai également quelques pistes pour répondre à la question : « Que faire ? »

Légiférer les autorisations

Manifestation

L'État choisit les manifestations qu'il autorise ou non. Il favorisera celles qui traitent de sujets consensuels (climat, genre), qui divisent (racisme, immigration, identité), qui se concentrent sur une thématique partielle (violences policières, revendications syndicales). En revanche, il interdira celles qui vont s'attaquer de manière directe à une politique globale du profit (Gilets jaunes).

Il se réservera de régler l'autorisation elle-même par : des informations contradictoires (interdictions au dernier moment ou durant la manifestation), des limitations de périmètre (entre République et Bastille ou interdit à Paris), des limitations de temps (de 14 h à 16 h), des impératifs de comportement (sans bouger ou selon le rythme de marche et d'arrêt décidé par la police).

Société civile

Mars : création par l'État du Conseil scientifique. Ce comité, décidant unanimement des mesures sanitaires, est composé de personnes acquises à l'IA transhumaniste. Il préférera ne pas tenir compte des données de terrain pour se fonder sur des données statistiques. Celles-ci donnent très rapidement des chiffres aberrants, les 500 000 morts en Angleterre et les 400 000 en France, données que nous avons déjà cités. Premières mesures : interdire aux médecins de soigner librement leurs patients et autoriser certains médicaments sur des bases de rentabilité. Double atteinte aux piliers fondateurs de la médecine que sont la liberté de prescription et la liberté du choix thérapeutique. Ces décisions mettent au jour des conflits d'intérêt colossaux touchant aussi bien les interdictions, les randomisations que les publications scientifiques (*The Lancet*). Bien que les décisions du Conseil Scientifique aient contribué au retard de prise en charge de maladies comme le cancer ainsi que de nombreuses opérations, à la surcharge de certains services et, *in fine*, à l'augmentation de la mortalité, l'État ne le dissoudra point.

Septembre : création par l'État du Conseil de guerre.

Technique

Elle consiste à déplacer l'attention (chaud) sur une partie de l'autorisation – par exemple, interdire une manifestation après 16 h, interdire la chloroquine en consultation privée –, afin de soustraire du vrai problème (froid) que sont les interdictions de manifester et de prescrire. Les faux débats vont saturer les médias de casseurs et de l'ego des docteurs (chaud), pour faire oublier le motif de la manifestation et de la proposition médicale (froid). La logique, l'expérience et la culture historique ayant rompu les liens critiques, à savoir que la crise sanitaire est avant tout économique (froid), les esprits vont se replier autour de thèmes exclusivement médicaux (chaud). Pendant ce temps, l'État continue de prendre l'ascendant en rythmant de contraintes la vie des citoyens.

Que faire ?

Imposer nos modes de manifestation. Rétablir la liberté de prescription. Étendre la liberté de choix thérapeutique aux approches traditionnelles non scientifiques. Dissoudre le Comité scientifique et le Conseil de guerre, limiter la police, mettre fin à l'état d'urgence. Ne plus se fier aux prédicateurs scientistes, dénoncer les conflits d'intérêt. Sortir de la logique du profit, de la papauté scientifique et des structures d'État. Abandonner tous rapports nihilistes au monde : retrouver le corps de la raison et la raison du corps.

Gérer les foules

Manifestation

La technique policière de compresser le cortège pour que les gens s'étouffent entre eux était bien connue des Romains. Les légionnaires entouraient puis compressaient avec leurs *scuta* (boucliers) l'adversaire qui, ainsi compacté, ne pouvait plus entamer la bataille à l'arme blanche, sous peine de se blesser soi-même. L'adversaire se rendait ou se faisait massacrer lignes par lignes. Comme il ne s'agit plus de massacrer l'adversaire mais de le soumettre, la technique évolue : les compressions s'accompagnent de désencerclements, d'ouvertures, de pauses et de sorties calculées. Ce va-et-vient anxiogène a pour effet de démoraliser et de mettre en état d'affolement. L'énergie de groupe s'évanouissant, les personnes ne font plus que suivre et subir sans opposer de résistance.

Société civile

Quoi de plus oppressant qu'être chez soi en prison ? Une mise en demeure aux infinies variations : confinements dits « total » ou avec des variations de zones dites bleu / blanche / rouge / verte selon le degré de « dangerosité », couvre-feux, fermetures de certains endroits (bars, restaurants, salles de sports et de spectacles). Toutefois : accès libre aux transports en commun, aux supermarchés, obligation de travail. Les règles de distanciation pleuvent à l'improviste et se contredisent, pénétrant ainsi de plus en plus intimement le foyer et les comportements. Les bases du temps, de l'espace et de l'identité sont déstructurées puis restructurées, en vue d'une mise au pas générale. Ce climat de terreur est merveilleux pour imposer les vaccinations de masse, les licenciements abusifs, les nouveaux modes économiques de vie et de travail.

Technique

Elle consiste à isoler l'individu en le coupant de lui-même, des liens sociaux et des liens familiaux (froid). Vulnérable, il suivra le rythme du *stop and go* : tu restes chez toi, tu sors, tu manges, tu bosses. Assujetti, on peut le reprogrammer (chaud) et lui dire que faire et où se rendre : supermarché, télétravail, chômage, vaccination, par-dessus la falaise... Pour minimiser les résistances, il faut l'isoler petit à petit afin qu'il s'habitue inconsciemment. Pour ce faire, l'État jouera d'un côté avec des arrêtés, des fermetures, des interdictions (froid), et de l'autre avec des accélérations, des ouvertures, des permissions (chaud). L'aspect arbitraire et contradictoire permet de détourner l'attention (chaud) du bon citoyen qui, toujours obéissant, s'évertue à chercher une logique et à croire aux bonnes intentions de son maître, alors qu'il s'agit d'une technique efficace de dressage des populations (froid).

Que faire ?

Ne pas se laisser encercler. Imposer son rythme à l'oppresseur. Il faut pouvoir entrer et sortir de chez soi ou d'une manifestation quand on veut, et sans avoir peur de la police. *La soumission, c'est la dépression.* Combattre l'état de terreur instigué par les impositions sanitaires, les remaniements du travail, les règles de comportement, les médias. Stopper en tous lieux la profusion de règles et de protocoles. Osez redevenir sauvage et indomptable. Ne plus croire en les balivernes de l'État providence et la main invisible du marché. Cesser et refuser la charité. Fin de la diversion et du divertissement. Renouer les générations. Se rassembler, retrouver le goût de vivre. Écoutez les nourrissons, les enfants et la nature première des choses.

Surveiller au long cours

Manifestation

Votre venue à la manifestation sera ralentie par des contrôles. Si un arrêt des voies de communication est prononcé, vous devrez renoncer à venir. Pendant la marche, vous serez pisté par des infiltrés. Vous verrez la police et les médias prendre tranquillement leurs images : en direct avec des caméras, en indirect avec des drones de plus en plus nombreux à sillonner le ciel. Si vous avez une caméra et que vous êtes journaliste indépendant, vous ferez partie des premiers à être suivis, attaqués, mis à terre, dépouillés, puis jetés au poste. Lorsque vous sortirez du cortège, vous aurez des chances d'être interpellé directement et/ou de recevoir une amende salée. Si tel est le cas, vous risquez d'entrer en zone judiciaire. Sachez que les juges du parquet condamnent à tour de bras les manifestants. Vous aurez enfin la bonne surprise de constater que les contre-pouvoirs dénonçant ces persécutions sont méthodiquement censurés.

Société civile

Il est toujours utile d'insister sur la reconnaissance faciale et la délation grandissante entre citoyens pour minimiser le commerce des datas. Celui-ci va encore plus profondément dans la surveillance, qui a pour mission de tracer et traquer vos moindres actions. Elle permet aux firmes de s'enrichir sur votre dos, de vous restreindre à une catégorie de consommation, de relations et d'idées, en somme de vous réduire à un élément chiffrable pour l'exploitation et le contrôle. Cette surveillance ne devrait tarder à s'immiscer dans votre compte en banque. Vous verrez bientôt vos économies s'envoler pour les bonnes œuvres : la dette publique, la solidarité face à la « pandémie », la banqueroute calculée de l'État, les guerres imposées, le climat.

Technique

Elle consiste à créer une menace (chaud) pour détourner du vrai problème (froid). Les malades se raréfiant, il a fallu inventer un nouveau spectre : « les agents de contamination » (cas contacts), sans aucune signification épidémiologique, et les « prochaines vagues d'épidémies », qui, selon l'oracle IA, s'étendront sur des années. L'État augmente la surveillance généralisée et la peur de l'avenir, pour détourner de la surveillance bancaire et numérique qui servira aux prochaines mesures économiques de spoliation. Par la même occasion, cela justifie l'accélération des lois liberticides et permet de commander en catimini de nouveaux véhicules blindés et du matériel anti-émeute dernier cri ; commande passée en pleine pandémie et financée avec l'argent prévu par l'UE pour « aider les entreprises fragilisées ».

Que faire ?

Conjuguer toutes les actions en toutes saisons : juridiques, informatives, dans la rue, dans les réunions. Blocages sévères, grèves, désobéissances de tous types. Créer des associations libres d'entre-aide. Donner un coup de main à son voisin. Réinvestir la rue, jeter la police hors de son foyer. Ne surveiller personne. Abattre l'inquisiteur. À commencer par celui qui sommeille en nous-même. Être intransigeant avec le faux. Vomir les écrans. Ne plus perdre son énergie : fuyez les faux débats, fuyez les faux amis. Prendre du recul. Aller droit à l'essentiel dans la pensée et l'action. Refuser toute culpabilisation, infantilisation, criminalisation. Battre en retraite. Cultiver son jardin secret. S'occuper de soi. Donner du courage à ses enfants. Leur montrer l'exemple. Se reposer. S'embrasser. S'enlacer. Retrouver la saveur du simple contact. Il n'y aura d'amélioration ni de l'humain ni de la nature. Il n'y a qu'un mouvement réel qui crée et charge les richesses infinies de ce monde. Lâcher prise. Lâcher sur la volonté de lâcher. Arrêter les satanés cours de yoga. Ne plus rien faire.

Diviser le cortège

Manifestation

Pour dissoudre la force collective, il faut diviser le cortège en tronçons par des incursions brutales. Une fois que la cohérence physique entre les groupes, les amis, les rencontres est brisée, l'énergie collective s'étiole et chaque tronçon devient maîtrisable. Pour les médias, la mission est de diviser en amont et en aval. En amont, la propagande réduira les multiples mots d'ordre en un seul : par exemple, une manifestation contre les mesures du gouvernement sera une manifestation contre les violences policières, une manifestation contre les violences policières deviendra une manifestation contre le racisme. Ceux qui sont venus avec une revendication différente et complémentaire ne se reconnaîtront plus dans la manifestation qu'ils estimeront

« récupérée » ; ils ne reviendront plus. En aval, la propagande se concentrera sur des épiphénomènes : par exemple, les black-blocs, les soi-disant casseurs (infiltrés). Il suffit d'aller voir par soi-même après la manifestation que Paris « incendié », « vandalisé », « dépecé », se réduit à quelques vitrines (surtout des banques), quelques voitures, quelques abribus, quelques poubelles. On est loin du compte. Loin du compte des blessés, des estropiés, des éborgnés, des faces brisées, des morts... Loin du compte de la faillite des petits commerces, dont les vitrines disparaissent silencieusement au profit des consortiums. Qui sont les casseurs ?

Société civile

Le gouvernement, à l'aide des médias de propagande, met en place une manipulation fondée sur : les modifications des indicateurs de l'épidémie pour créer l'illusion d'un virus persistant, le mensonge au sujet des moyens sanitaires (disponibilité et efficacité des masques, insuffisance du nombre de lits, ouverture réduite des hôpitaux privés, tests inappropriés, vaccins génétiques), l'infantilisation (obéir et se faire à soi-même une attestation nous protégera), la culpabilisation (embrasser ses proches les fera mourir), la destructuration (effroi, détournement des mots, intoxication médiatique, injonctions contradictoires...). Cette manipulation permet d'entretenir la peur sans entrer dans la panique. En manifestation comme dans la société civile, la panique étant incontrôlable, elle devient dangereuse pour le pouvoir en place. Il vaut mieux tabler sur la dramatisation extrême d'un virus à 0,5 % de létalité pour les personnes malades que sur une peste ravageant un tiers de l'Europe ou une grippe espagnole emportant 10 % de la population. La balance bénéfice / risque nécessite la dramatisation d'un élément réel instillant une peur que l'on peut contrôler en appliquant la technique « chaud / froid ».

Technique

Elle consiste à diviser un groupe ou un thème (froid) pour les réorganiser à sa guise (chaud). Par exemple, on peut intégrer les chiffres truqués, mais estimer que les masques sont nécessaires. On peut penser que la fermeture des bars est abusive, mais que voir grand-mère est risqué. On peut dénoncer la politique des hôpitaux, mais penser que le vaccin est indispensable. L'important est de tenir l'esprit concentré sur la comparaison des parties du thème (chaud), de manière à ce qu'il n'ait ni une vue d'ensemble, ni l'intuition de la stratégie en cours (froid).

Si, par malheur, vous vous extirpez de l'infini bavardage à propos des mesures sanitaires pour dénoncer l'instrumentalisation générale, vous serez mis en quarantaine comme ayant été en contact avec le dangereux virus « complotiste négationnistes d'extrême droite ». Il s'agit, dès lors, de cantonner les condamnés pour préserver ceux qui ne le sont pas encore. La technique ayant atteint ici ses limites, il s'agit pour l'État non plus seulement de diviser, mais d'ostraciser les malades. Créer une zone ni chaude ni froide, mais effrayante. Pleine de bruits et de folies. Pour ce faire, l'État s'appuiera sur l'énergie négative la plus puissante : la terreur. Celle-ci travaille si profondément qu'aucun esprit critique ne lui résiste. Peu importe les arguments avancés, les références historiques, les faits en rupture, les scandales établis, les résultats d'études, les preuves apportées, ou la simple nécessité d'un débat contradictoire. Tout sera retenu contre l'infecté. Quand l'État avouera – après coup – les mensonges de son récit national, le peuple l'acclamera. Pourquoi ? Parce que le *mea culpa* arrivera à un moment de relâchement quant à la tension sanitaire (froid), pour faire place à un nouvel ennemi contre lequel l'État, bien entendu, nous protégera (chaud).

Que faire ?

S'en tenir aux racines des luttes. Maintenir la cohérence d'ensemble. Dédramatiser, redimensionner. Et les pieds ancrés dans le sol, rire aux éclats devant le théâtre de l'effroi. Unir les fronts ontologiques. Balayer de la main le déracinement mondialiste et l'exclusion identitaire. Soutenir en l'humain sa puissance d'empathie, d'inutilité, de plaisir. Se rencontrer en vrai : on se trouve soi-même à travers les autres. « Je » n'existe pas. Ne plus forcer la transformation de l'humain et de la nature. Ne plus transformer. Ni forçage ni croissance. Visons à terme la fin du travail, de la performance et du profit. Ayons le courage de se passer des maîtres. Ayons le courage de se passer de la maîtrise.

Multiplier les agressions

Manifestation

Pour étourdir l'adversaire, il faut pouvoir multiplier les possibilités d'agression. Il convient alors de créer maintes techniques afin de passer de l'une à l'autre. Passer des tirs tendus au matraquage, de la simple nasse au blocus silencieux. Passer aux amendes mortelles, aux interpellations iniques, aux actions juridiques démesurées. Pour varier, étourdir et imposer le rythme, l'exécutif tiendra tranquilles les cerbères au moment opportun pour miser sur la discrimination médiatique.

Société civile

La crise sanitaire nous donne un exemple exceptionnel de la multiplication des agressions sur l'éthologie. Chaud : on fait passer le port du masque comme une protection et on ne l'impose pas pour le sport. Froid : le port du masque devient une obligation et on étend cette mesure aux enfants de 6 ans. Chaud : tests et restrictions de déplacements tant que les populations ne sont pas vaccinées. Froid : le vaccin arrive. Voyages et déplacements autorisés. Chaud : on maintient certaines mesures sous les prétextes du moment, par exemple que même les populations vaccinées sont positives et contagieuses, ou le vaccin exige un rappel tous les quatre mois, ou le virus a muté plus vite que prévu, ou un nouveau virus a fait son apparition, ou que sais-je encore.

Nouvelle campagne de publicité, de politique, de coercition, de vaccination. En deux mots, le gouvernement et les firmes, ayant pris de l'assurance, sont bien décidées à garder le contrôle de la population et de ses activités. Qu'importe qu'un vaccin soit élaboré précipitamment, selon des techniques génétiques in- connues par des laboratoires intéressés par le seul gain, qui ont négocié de ne pas être tenus responsables de potentiels effets secondaires, contre un virus mutant qui expose au décès moins de 0,5 % des personnes malades, dont l'âge médian est de 84 ans. À la rigueur, le gouvernement pourra même utiliser la technique chaud/froid pour focaliser un court moment sur les questions autour du vaccin, afin de revoir (à la baisse) la feuille de route des hôpitaux en déroute et informatiser l'entièreté du système médical.

Technique

Elle consiste à respecter le principe qu'une agression en chasse une autre, une injustice en chasse une autre, une peur en chasse une autre, une zone chaude en chasse une autre. Si la résistance commence à s'organiser autour d'une zone chaude et qu'elle est en passe d'incendier les consciences, il faut la désinvestir, la refroidir. Quoi de mieux alors que de mettre le feu ailleurs ?

Que faire ?

Mon ami C, le marin militaire qui m'a inspiré ce texte, se demande si le temps de prendre les armes n'est pas venu. Je ne sais pas, mais je crois que nous avons mieux à faire. Surtout vu l'arsenal qui se constitue en face. Aujourd'hui que le système se rend si dépendant des nouvelles technologies, ne serait-il pas temps de comprendre toutes les implications du système électronique et de s'adapter en conséquence ?

Sortir des clivages (1)
Droite / gauche

10 février 2021

Pour maintenir les peuples sous terreur, les gouvernements mettent en place de véritables virtuosités qui touchent à l'absurde. Dans les premiers temps, les citoyens, habitués à la peur et rodés à l'obéissance, ont joué le jeu – et on peut le regretter. Or, aujourd'hui, avec la fatigue et les redoublements extravagants, il n'est plus un corps de métier qui ne désavoue, de manière plus ou moins directe selon la position sociale et la censure, la légitimité de ces sinistres ministères. Les aberrations quotidiennes rappellent les acrobaties infinies des théories aristotéliciennes et, plus tard, théologiques, qui devaient intégrer les avancées scientifiques. Ironie de l'histoire : c'est aujourd'hui la science elle-même qui s'emmêle les pinceaux, entraînant avec elle toute la politique institutionnelle. Nous pourrions aussi bien dire « la politique institutionnelle entraînant avec elle toute la médecine ». Politique, finance et science se révèlent inextricablement liées. Et c'est un des effets positifs de la crise que de mettre à jour les dynamiques qui demeuraient souterraines jusque-là. Sous le choc, les oppositions constitutives de notre système de pensée s'inversent, se traversent, se confondent, se contredisent, perdent leur sens. Une marmelade saturée en médiocrités qui n'en finit pas de dégoûter le citoyen.

Ne lâchons pas l'affaire si vite : ce système vacille. Il apparaît enfin que ces oppositions ne sont que de surface : conçues pour soutenir un même système, elles participent au spectacle faussement dialectique pour capter l'attention. L'esprit et le corps s'enfermant à l'intérieur d'un système irréel de fausses questions, de fausses querelles et d'émotions dérivées de la peur, ne savent plus de quel côté s'orienter. La raison, ne parvenant même plus à se déterminer en faveur d'une thèse plutôt qu'une autre, tombe dans des conflits insolubles, tandis que le corps déprimé se vide de son énergie vitale. Je propose une nouvelle suite de réflexions afin d'analyser ce qui semble opposé. Il s'agit d'en dénoncer la logique et les effets pervers, de manière à ouvrir la voie vers une sortie qui ne soit pas programmée.

*

C'est un événement que la gauche – ce qui se déclare comme tel ou ce qu'il en reste – n'ose pas s'attaquer frontalement à la mainmise des laboratoires pharmaceutiques sur la santé planétaire. Un événement qu'elle reste aussi tiède quant à la politique ultralibérale de dressage des populations. On tergiverse, on évite le sujet, on ne tire pas les conclusions radicales qui s'imposent. On va défendre l'hôpital public, mais on dira de porter les masques et de se faire tester à tout-va. On ne remettra pas en question les confinements. Ou bien trop tard, histoire de suivre la vague. En attendant, on préférera parler de « déconfinement rationnel », de « résultats qui aurait pu être pires », de « mesures contradictoires, d'aides insuffisantes » et des chiffres le plus possible, plein partout. Entre vaccins, masques, tests, confinements, couvre-feux, fermetures diverses et variées, pluies de juridictions contradictoires, on se noie dans un barbotage de oui/non/on ne sait pas/peut-être/faites attention. Comment comprendre cette capilotade ?

En ce qui concerne « la gauche », elle poursuit son égarement dans les thèmes de la sécurité et de la protection. Un virus ? On arrive, on protège ! Dans l'urgence de la peur, oubli total des processus du Capital – à croire qu'on n'y a jamais vraiment cru. Nouveauté : le capitalisme n'est plus une marchandisation systémique, c'est un complot. La lutte des classes s'arrête à Big Pharma. Mettons nos différends de côté, le temps de juguler le virus et de mettre au point le concept magique : « Gestion ». Pour cette fameuse troisième guerre mondiale, c'est commode : si on vous confie un contingent de cinq personnes malades pour faire face à dix mille soldats en pleine forme, c'est la déroute assurée. Au lieu d'avouer qu'il aurait fallu penser en amont une autre manière de faire, les gestionnaires diront que l'échec est dû à ces cinq pauvres hères, qui n'ont pas écouté les ordres. C'est le moment où la gauche s'élève. Lorsqu'elle est indignée, elle s'élève : « Pas du tout, c'est parce que vous avez mal géré les cinq personnes. » Quand on pense avec les mots des technocrates – gestion, programme, experts, protocoles –, cela finit forcément dans les faux débats de la gestion des bouts de chandelle. *C'est comme parler de la « gestion du stress », alors que le stress, c'est la gestion.* Les uns réclament les experts des agences privées, les autres les experts d'État. Dans la grandeur technocratique et la magie des programmes d'État, quelqu'un a-t-il compris qu'un virus persiste, mute et s'adapte à tout, particulièrement quand il sert les intérêts financiers et politiques d'une oligarchie aussi bien privée que d'État ? Bien sûr... ils savent... mais non... et puis... c'est compliqué...

J'ai entendu des lignes argumentaires invraisemblables : Bill Gates investit, preuves à l'appui, dans des campagnes criminelles pour la vaccination du choléra, mais le nouveau vaccin, en revanche, c'est merveille ! C'est « Science » ! Un peu comme les catastrophes nucléaires : elles s'arrêtent aux frontières de notre pays. Notre pays qui, d'ailleurs, n'est pas assez performant : après les masques, les tests, le gel, on veut des vaccins cocorico ! Ouvrons les stades ! Union nationale ! Écoutons nos intellectuels et nos artistes qui aboient avec la meute ! Enfin ! Eux qui se sentaient en berne, les voilà grands timoniers des foules. En même temps, quand les subventions dépendent de l'État et des grosses entreprises, en effet, c'est… comme ils disent… « plus compliqué que ça », afin de maquiller leurs compromissions. Fin de la discussion en eaux troubles. Circulez, il n'y a rien à voir. L'avantage de la « démocratie », c'est que les campagnes de propagande fonctionnent si bien que tout le monde finit par être d'accord.

Venons-en au fond : les gens ont peur depuis longtemps. Avec une nette accélération depuis 2001. La peur, c'est le fonds de commerce de la politique institutionnelle. La gauche se veut rassurante, sécuritaire, experte, rationnelle, scientifique, gestionnaire, compétitive… En fait, la gauche, c'est la droite, mais en mieux. Nuançons : pour les doctrinaires de l'État, il faut renforcer l'État, pour ceux qui croient un peu moins en l'État, il faut renforcer les solidarités. Les marchands avec du social. Je vous l'avais dit : ce sont les meilleurs. Conclusion : on suit l'agenda du gouvernement. On en suit les règles, les modalités, le cadre, les débats. Du bon usage des masques, du vaccin, des aides, des chiffres, des déplacements, de l'État…

Or, pour le peuple, cela devient difficile. L'usure, ça use. Alors, on se réunit clandestinement, on met mal son masque, on aimerait éviter le vaccin, on ne sait comment aller voir grand-maman, on déprime dans la misère du présent et la noirceur du futur. En vrai, on voudrait tout faire valdinguer, mais on évite le sujet. Et pour cause : toute critique de fond sur la manipulation sanitaire sera mise du côté de l'extrême droite. Bien joué ! Qui à gauche, ou sans l'être d'ailleurs, veut être taxé de « fasciste » ? Ah non pas nous : on est les gentils protecteurs du peuple. Surtout quand on est militant. Un militant, c'est un gentil militaire. Tradition. Le peuple, ça s'utilise, ça se guide, ça s'éduque. Éducation populaire. Et s'il arrive où on ne l'attend pas, on le regarde en chien de faïence. Les Gilets jaunes n'ont jamais eu de vrai appui des militants, ou trop tard. On peut dire que la gauche s'est enclavée toute seule. Sécurité, charité, responsabilité. Résultat : conformisme. Et pas n'importe lequel. Conforme aux banquiers et aux politiques de la peur. Quel retournement ! Agrégation autour des banques de la peur : Big Pharma ! Bon. Si on regarde en arrière, cela n'a rien de nouveau. Podemos, 5 Stelle, Tsípras, Mitterrand, Mélenchon, NPA et tant d'autres : depuis toujours avec le grand capital européen. Les syndicalistes : on les connaît depuis les accords de Grenelles. Même les communistes (de nom) s'y sont mis. Surtout depuis que Moscou est passé du côté capitaliste... vive le Pacte transatlantique ![22] Ces alliances bâtardes se justifient toujours de la même manière : « On a vraiment essayé... c'était vraiment trop dur... on n'a vraiment pas eu le choix... ils sont vraiment trop forts... mais on a vraiment pensé à vous... ahahah... » Abstentions, vote du moins pire, campagnes truquées, impositions de président sans élections, banquiers à la tête de l'État, parité oligarchique, doigt d'honneur aux référendums... comment dire... état d'urgence, technocratie, dettes, et puis... c'est compliqué.

*

Est-ce mieux à droite ? Ah oui... la crise sanitaire exploitée par les « Patriotes »... servant à diviser les manifestations sur le terrain... Le mécontentement populaire... quelle aubaine... quelle belle main tendue... irrésistible... récupérons les mains et les voix... surtout les voix. La technique a fait ses preuves. Allez à un meeting. Suivez-les un peu, juste un peu. Vous constaterez qu'ils sont obnubilés par le Frexit. Le Frexit non comme une révolution populaire anticapitaliste, ça ne va pas ou quoi !? Le

---

22. Depuis février 2022, elle est repassée du mauvais côté...

Frexit, ce sera le retour à la France d'antan. Vous savez la bataille de Poitiers, Charlemagne, Louis XIV, Napoléon, de Gaulle, Pétain… ah non pas lui… il parait que le maréchal a sauvé des juifs... dommage qu'il ait perdu la guerre… ça reste quand même « un bon père »… travail / famille / patrie, c'est indémodable. En deux mots : des patrons français avec un salariat français et une plus-value française. Entretemps, on renvoie la racaille migratoire ; comme chacun le sait, tous nos problèmes viennent d'Afrique.

Si vous entamez le dialogue pour dire que vous critiquez également la politique sanitaire et européenne, non point pour nous purger de l'islam, mais pour nous purger du patronat et des bourses internationales, européennes et du CAC 40, alors là, vous serez viré *manu militari*. Comme au bon vieux temps. Le dialogue a ses limites. « Faut pas déconner avec la santé publique. » Ce n'est pas pour tout le monde : « Droit du sol, mon vieux. » Le choix des figures historiques en dit long. Reprenons : bataille de Poitiers, si tant est qu'elle ait existé, premier mur contre les maures ; Charlemagne, impérialiste carolingien conquérant militaire au nom de l'Église et du servage ; Louis XIV, l'un de nos rois les plus belliqueux tant sur le plan intérieur, avec la création de la lieutenance de Paris, qu'extérieur, avec d'innombrables guerres ; Napoléon « la liberté au bout des baïonnettes » et la restauration du code noir ; Vichy, *no comment* ; De Gaulle, qui lance le RPF ultra-libéral puis Maurice Papon à la préfecture. Pour la France, on assumera ! On assumera le colonialisme, le racisme, l'impérialisme, l'antisémitisme, le négationnisme, l'esclavagisme... Une batterie pour l'honneur ! Pour d'autres, « les gentils », il vaut mieux ne pas faire de politique. C'est sale. Revenons à Dieu. C'est une valeur atemporelle. Mais plutôt celui qui parle latin et grec. Les juifs et les *muslims*, ils ne savent pas parler. Quant à la science, regardez où nous ont menés Copernic et Galilée : on ne respecte plus les lois de la nature. Les lois naturelles promulguées par Dieu à travers l'Église catholique... les femmes et les hommes ne savent plus se comporter... ils ont perdu le sens du devoir, des valeurs, du mérite... dieu / travail / famille / patrie / xénophobie / prosélytisme et... catéchisme.

La droite, dont il faut reconnaitre la diversité, se fonde sur deux idées : l'ordre et l'identité. L'identité, comme on l'a vu, s'exprime à travers le sang, la race, le territoire, la religion et la culture, mais aussi par un véritable amour de la police. Une vénération pour une force armée imposant la loi identitaire. Quand les policiers démontent les Gilets jaunes, on est un peu gêné, mais ils seront vite disculpés : c'est parce que l'État est dévoyé. En revanche, quand il s'agit des immigrés, des sans-papiers ou de ce qui peut altérer le principe identitaire, la violence devient immédiatement légitime. Voici nos diverses droites, toutes dents dehors, indignées elles aussi, des allures que prennent le monde, pardon, la France. On croirait presque à leur révolte. Mais on connaît la musique : elles préparent l'étape suivante. L'autre revers de la médaille totalitaire. Celle qui assume. Celle qui est fière. Celle qui imposera les nouvelles formes d'esclavage. Celle qui se chargera du massacre des méchants.

Et les libéraux ? Quand ils hurlent pour « moins d'État », touchant le peuple qui y voit une lutte commune contre les taxes, il faut entendre : « Non à l'État s'il ne sert pas nos intérêts » et « Oui à l'État s'il sert nos intérêts ». À vrai dire, mis à part l'euphorie momentanée et illusoire des Trente Glorieuses, l'État n'a jamais servi que des intérêts privés. Or, le privé a besoin de l'État pour au moins deux raisons : 1) imposer ses lois, 2) détourner la colère.

1) L'État, c'est l'interface entre les citoyens et les entreprises. « L'État, c'est moi », formule que Louis XIV aurait prononcée devant les parlementaires parisiens, exprime de manière directe

cette réalité de la force publique au service des intérêts royaux. Aujourd'hui qu'il faut enrôler le peuple pour assurer sa servitude volontaire, la formule a évolué : « L'État, c'est vous. » La redoutable perversité démocratique consiste à faire croire qu'on vous ruine pour votre bien, alors qu'on ruine la plupart pour le bien de quelques-uns. On ne peut rien comprendre de la crise du covid si on ne prend pas en compte le rôle princier des laboratoires pharmaceutiques, de la haute finance et des Gafam. Leurs intérêts ont été relayés puis imposés précisément par la puissance publique. Matraquage médiatique, torrents d'amendes, inflation de lois sécuritaires, contrôles délirants, destruction de la protection sociale, licenciements, bas salaires, détournements des flux monétaires, nouvelles taxes au nom de… la santé. Le covid ? La poule aux œufs d'or ! L'excuse à tout… L'objet transitionnel… On peut s'attendre à un siècle de manipulation sanitaire, le temps de restructurer l'entreprise-monde.

2) À chaque fois que le peuple commencera à douter et à débusquer le renard, l'oligarchie utilisera le deuxième levier de l'État : s'appuyer sur les tendances identitaires pour détourner la colère du peuple envers les faussaires sur un bouc émissaire. C'est là que l'extrême droite se verra convier au banquet des ploutocrates pour participer au coup d'État permanent. Dans la très droite ligne de la désignation d'un ennemi, le covid a comme destin la haine de l'autre. Une haine qui, se distribuant entre tous, attend son heure pour faire le triage planétaire. Le nationalisme est l'idéologie de réserve du Capital. Le centre n'est-il pas en train de dériver à droite, la gauche au centre et tous à l'extrême ?

Nous voici donc tous les samedis dans un théâtre d'inversion ubuesque. On entend les nationalistes crier « liberté », tandis que les communistes clament « sécurité ». Les manifestations contre l'islamophobie se font avec des voiles FFP2, tandis que dans le métro deux affiches se succèdent à l'infini : « L'armée vous protège, un investissement convivial », « Toutes les mesures sanitaires sont à respecter sous peine de... » Pas besoin d'un Poutine pour s'automutiler. Il n'est pas impossible qu'on finisse par mandater le tyran. Un homme avec des « couilles »... mieux : une femme avec un cerveau... mieux : un algorithme avec des chiffres. Que choisir entre le licenciement abusif et les contraintes démentes ? Entre la dictature scientiste et la dictature religieuse ? Entre l'armée et la santé ? Entre l'État et les labos ? Entre Trump et Biden ? Entre la République nationale de gauche et l'État nationaliste de droite ? Entre le souverainisme et le mondialisme ? Qui est qui ? Nous voici immobilisés au carrefour d'une autoroute d'autant plus dangereuse qu'on ne sait plus reconnaître notre droite de notre gauche.

Quoi qu'il en soit, une pathologie apparaît de manière flagrante. Une obsession éclatante rasant tout sur son passage : les politiques veulent le pouvoir coûte que coûte. Cette obsession du pouvoir qui les pousse à des montages électoraux et financiers inimaginables, à se vendre entre eux aux plus offrants, à changer de couleurs comme de chemises, les amène à ruiner les peuples dans l'indifférence de droite et la mauvaise conscience de gauche.

On le savait, mais, cette fois, ils atteignent des sommets : discours truffés de contradictions, incohérence des idées, manque de profondeur critique, interdiction de faire des liens, déni de faits, semblant d'intérêt au malaise et au mal-être des peuples, opportunisme, parades, exhibitions, courbettes... Le courage est parti aux cabinets des ministères. En même temps, comment résister quand l'entrée en politique garantit un salaire à vie, un entre-soi protecteur, un sentiment de décideur, de bienfaiteur même (surtout pour les proches) ? Le ravalement du vernis démocratique devient une affaire d'État. On vend les bijoux, mais on relique le symbole. C'est notre viatique du soir pour se convaincre que, malgré tout, on est mieux ici qu'ailleurs ; même si, aujourd'hui, beaucoup aimeraient être ailleurs. Certains pensent qu'on a reculé, qu'on est en pleine décadence. Faux : on n'a jamais avancé. Devant autant de pornographie politique, on entend les chants nostalgiques du CNR, mais c'est oublier que le CNR a négocié la sécurité sociale sans remettre en question le partage du pouvoir et des profits entre les salariés et le Capital, ce qui a assuré la prospérité de ce dernier. Inévitablement, l'État providence allait décliner sous les coups de la dérégulation libérale. Le vers était dans le fruit. Est-ce une grande découverte que le salariat et l'État mènent plus ou moins vite à l'esclavage et à la privatisation ? *La Critique du programme de Gotha*, texte écrit par Karl Marx, le démontre de manière lumineuse... c'était quand, déjà ? En... 1875. Ouf... ça va faire 150 ans... on avance en effet...

Alors oui, nous nous sommes gargarisés de consommation, de drogues plus ou moins légales, de culture, d'exploitation, de délires de grandeur scientifiques, de déni de mort et de démocratie ânonnée comme un mantra de conjuration. C'est triste. Pitoyable, même. Tout n'est pas perdu. Au contraire. Nous pouvons en tirer quelques belles conclusions. E. Macron avait raison sur deux points : la gauche et la droite n'existent plus et nous sommes en guerre. Il avait raison, car, étant au centre, il se trouve au lieu commun de la droite et de la gauche. Il avait donc raison, mais à l'envers, comme d'habitude : la droite et la gauche sont en guerre contre les peuples, contre le genre humain, contre la planète.

*

Sortir du clivage droite / gauche, c'est avoir le courage de converger les luttes sans se laisser influencer par le jeu des oppositions et des anathèmes, des consensus et de la pensée tiède ; tant pis pour la censure.

Sortir du clivage droite / gauche, c'est reconnaître la fausse dialectique historique entre les démocrates, qui étendent leur empire au nom du mondialisme, et les républicains, qui le font au nom du nationalisme, les deux ayant le même maître : Wall Street.

Sortir du clivage droite / gauche, c'est reconnaître la dialectique morbide qui se joue : nous ne sommes jamais sortis du retournement syndical et socialiste de 1914, de la guerre d'Espagne de 1936, du traité de Munich de 1938, bref de la compromission inépuisable des démocraties.

Sortir du clivage droite / gauche, c'est reconnaître qu'il s'agit d'un même terrain de massacre : le Capital, qui déploie le spectacle des diversions pour faire croire à des changements possibles, quand il s'agit d'une destruction perpétuelle.

Sortir des clivages (2)
Quelques antinomies politiques

19 novembre 2021

Lors des précédents articles, j'avais dégagé les accointances entre la gauche et la droite et entre les soi-disant complotistes (peu nombreux) et les normopathes (innombrables) qui s'ignorent, plus communément appelés « conformistes » et frisant parfois la psychopathie. Le projet de ces prétendus débats est d'esquiver savamment les problèmes de fond. Je conclus ce cycle avec un florilège de diversions, de fausses questions et de pseudo-antagonismes. Les dispositifs de la mauvaise foi sont tellement ingénieux et subventionnés qu'il n'y a aucune exhaustivité possible. Cependant, à travers ces exemples choisis, on se rendra compte que ce sont ceux qui prônent le plus la paix et la liberté qui en veulent le moins.

Sécurité / liberté

Nous sommes habitués à concevoir la vie en société comme une balance entre la liberté et la sécurité suivant le calcul du rapport bénéfice / risque. Toutefois, en passant sous silence que la société, c'est avant tout se construire à partir du désir de vivre ensemble, le contrat social n'est ni plus ni moins qu'un mariage forcé. La règle avant le désir. Régler le désir avant même de le ressentir. Nous avons la chance, avec cette crise, de connaître ce qui se cache derrière la liberté et la sécurité selon le libéralisme. La liberté de marché tend irrémédiablement vers les monopoles. Or, ces derniers, ayant pour la majorité le profit comme unique but, la sécurité se dégrade en termes de santé, d'accès à l'éducation, de justice sociale, de protection environnementale et de survie économique. Devant une situation qui dégénère, la sécurité se transforme en répression. Elle détruit plus encore la liberté, et à tous les niveaux, qu'il s'agisse des déplacements, de la diversité de pensée, de croyance, de relation, d'association, etc. Une réussite presque arithmétique : la liberté et la sécurité diminuent de manière égale, tandis que le contrôle et la violence augmentent.

État / privé

Pour celles et ceux qui ont cru en l'État providence, la chute est rude. Nous savons que l'Antiquité s'est développée sur l'esclavage, l'ancien régime sur le servage, la modernité sur le salariat, et le futur sur la misère et les chimères d'un revenu universel. Nous avons cru que les Trente Glorieuses étaient une providence, un équilibre parfait pouvant éternellement assurer le plein emploi, le confort et la croissance. Le vernis s'estompe : il s'agissait d'une trêve pour reconstruire après la guerre selon les mêmes modalités de surconsommation, colonisation, contrôle et destruction. L'État, de nature pyramidale et bureaucratique, n'a jamais eu pour vocation de protéger. C'est grâce aux luttes de la résistance contre les classes marchandes que les propositions du CNR investirent l'État. Et encore, le poison était déjà à œuvre, puisque, dès le début, le système bancaire, le marché et le patronat, avec la complicité croissante des syndicats, torpillèrent ce qu'on appelle les « acquis sociaux ». On aime rêver d'un monde antérieur resplendissant, mais le présent est le résultat prodromique du passé. Peut-on s'étonner que l'État depuis si longtemps aux mains des intérêts privés favorise l'oligarchie et les ploutocrates ? S'étonner qu'ils aient les moyens de corrompre la plupart des fonctionnaires dans un appareil géré par le haut, par la représentativité et un système de partis ? S'étonner que l'État soit l'arme bureaucratique parfaite pour soumettre les citoyens ? Le rapprochement, voire la fusion, entre l'État et le privé révèle leur complicité endémique.

Travailleur / chômeur

Le travail était une valeur sûre, une fierté, une condition d'existence. Le chômeur était le vaurien, le bon à rien, le paresseux.
Aujourd'hui, on redécouvre que le travail dans un univers
capitaliste n'a jamais été autre chose que l'aliénation selon
l'exploitation marchande. L'idéologie de l'efficacité est arrivée à
un point tel que l'on déclare l'obsolescence de l'homme comme
un grand progrès. Le travailleur est un futur chômeur, le chômeur
un précaire assuré et le précaire un inutile à esclavagiser et le cas
échéant à supprimer. Au moins, revient-on aux vraies questions
concernant le travail : pourquoi, pour qui et de quelle manière ?

Revenu universel / salariat

Une réponse nous arrive toute prête : pas de salariat style ancien monde, pas de partage de richesse pour le nouveau monde,
mais… des miettes pour tout le monde ! Tout le monde vaut un
peu. L'escadron État / syndicats / monopoles décidera la valeur
de ce peu. Éventuellement un peu de valeur, un peu d'argent si
vous le méritez selon votre porte-monnaie de crédit social. Très
certainement, fin de l'autonomie et dépendance générale. L'as-
sistanat hier conspué devient aujourd'hui une prière des individus devant ce qui semble la fatalité de la paupérisation.

Souverainisme / mondialisme

Les souverainistes souhaitent un retour à la nation et, malgré
les déclarations pleines de bonnes intentions, cela va bien souvent avec le repli sur soi sans remise en question des modes de
production marchands. Les mondialistes se proclament ouverts
et altruistes, mais la globalisation selon la doctrine libérale offre
plus la désagrégation du tissu socio-économique qu'une fenêtre
de liberté et de philanthropie. *Le mondialisme, c'est la nation autour d'une banque plutôt que d'un territoire.* Ni chez les souve-

rainistes ni chez les mondialistes, émerge une critique sérieuse du salariat, du marché, de la concurrence et de l'État. En revanche, nous entendons pérorer sur la régulation des abus et le miracle des politiques de taxation. Rappelons que les amendes sont d'avance comprises dans les *business plans* de nos généreux monopoles. Comme si le Capital pouvait être régulé par les partis, l'éthique et la morale, et se mettre à penser au bien du peuple. Ajouter les réquisitoires charitables : les GJ, ce n'est rien comparé au Soudan, la dictature française, rien comparée à la Chine, la guerre aux pauvres, rien comparée à la guerre en Afghanistan... À minimiser ce qui se passe en bas de chez soi et à se faire aveugle aux processus d'appauvrissement qui concernent le monde entier, nous devenons indifférents et hostiles, mais avec bonne conscience.

Fascisme / antifascisme

Nous sommes arrivés à une telle inversion que nous ne savons plus quoi dire à part qu'il faut bien du courage pour croire en ceux qui prennent les peuples en otage, les mettent en demeure et sous chantage, démantèlent le travail, changent les lois selon leur programme, offrent l'Europe aux USA, entament d'ignobles guerres pour s'accaparer les ressources, s'arment et mentent à tout va, spolient et assassinent les individus. Bien du courage donc pour croire que le fascisme se trouvent chez les quelques résistants – tous bords confondus – qui tentent de s'organiser contre cette violence. Bien du courage aussi pour croire que les GJ étaient des casseurs racistes, populistes, antisémites, sexistes, terroristes... Bien du courage pour croire que désormais toute contestation est nauséabonde et qu'il est prudent et de bon goût de ne pas s'exposer, parce que le pouvoir passe en boucle de manière planétaire que n'importe quel désaveu est du « complotisme d'extrême droite ». Bien du courage pour prendre au sérieux ces « intellectuels » et ces gens que nous croyions intelligents, et qui s'associent par leur absence, leur stupéfaction ou leur collaboration à cette vague de dictature. On se demande pourquoi les pseudo-antifas, dans la tactique « suivez le chiffon rouge », parlent autant de la nocivité de la police, sans faire le lien qu'elle ne fait qu'obéir aux ordres d'un État proprement fasciste. Aujourd'hui, un policier digne est un policier qui désobéit – et il y en a. Mais de ceux-là, on parle bien peu.

Colonialisme / anticolonialisme

Je fais partie de ceux qui ne croient pas un instant aux bienfaits de la colonisation, qu'elle soit romaine, musulmane, chrétienne, espagnole, française, anglaise, marchande... Je ne vois aucun « avantage » à imposer son identité idéalisée. De l'autre côté, j'ai de sérieux doutes concernant les mouvements décoloniaux, qui font diversion des vrais problèmes touchant toutes les races, genres et classes sociales (ou presque). Par exemple, déboulonner les statues des anciens empires alors que la colonisation des USA à travers les industries militaires, bancaires, pharmaceutiques, agroalimentaires, culturelles... continue de se dérouler actuellement avec une violence inouïe, ou encore discriminer les personnes suspendues pour avoir refuser le diktat d'un État dans le silence assourdissant des antifas et des décoloniaux.

La critique partiale de la culture occidentale est une perversion typique des gauches politiquement correctes : défendre le progrès scientifique et la vaccination pour tous sans se demander un seul instant ce que cela entraîne de destructuration des médecines locales, d'emprise de la science et des lobbys sur les populations et d'endoctrinement aux idéologies scientistes non interrogées, en deux mots... de *néo-colonialisme occidental*. Ces personnes bien-pensantes ont cette mauvaise foi sophistiquée qui consiste à imposer le fanatisme à des peuples qu'ils ne connaissent pas – ou seulement à travers les livres, les articles et les voyages touristiques ou anthropologiques – tout en les parant de discours angéliques. Les contradictions qui en ressortent seraient risibles si elles n'étaient dramatiques.

Immigration / sédentarité

La terre est un vaste mélange naturel et culturel, particulièrement l'Europe. C'est l'une de ses beautés, mais l'immigration provoquée et instrumentalisée par une politique libérale ne peut que créer de la misère et des réactions identitaires. Misère de la part de ceux qui abandonnent leur terre et leur famille pour s'engager dans une aventure pleine de traumas, réaction de la part des hôtes qui ne sont prêts ni dans leur esprit ni dans les structures d'accueil et ont leur propre appauvrissement à gérer. Pourtant, on dirait que c'est fait exprès. Ne vous énervez pas contre la finance, les monopoles, les impôts, l'État, le taux de profit et les miettes qu'on veut bien vous donner. Non non, surtout pas. Cela va mal parce que l'étranger vient piller ton aide sociale, ton travail, ton revenu universel, bref, tes miettes.

Féministe / machiste

Il est indispensable que les femmes partagent le pouvoir avec les hommes. La question est de préciser de quel pouvoir parle-t-on. S'il s'agit de partager le pouvoir de domination capitaliste, cela devient problématique. Nous avons des exemples de plus en plus nombreux des résultats de ce partage, surtout depuis que Margaret Thatcher a fait des petites un peu partout dans le monde, soit comme politiques (Nouvelle-Zélande, Allemagne, Islande...), soit comme directrices de l'EMA, du FMI, des ministres de la Santé et, moins connues mais plus nombreuses, des juges, policières, soldates, directrices de production, agents immobilières... Les esclaves n'ont jamais considéré que la femme du

colon était moins pire dans la domination que son mari. Cette constatation s'étend bien entendu aux nouvelles ploutocraties. À ce point-là, il faut admettre que le problème n'est pas le genre mais le pouvoir.

Il est indispensable qu'il y ait égalité entre les hommes et les femmes concernant les droits, les rémunérations, la dignité... La question est de déterminer quelles sont les limites de l'égalité. Si celle-ci consiste à prendre un modèle auquel tout le monde doit tendre, ou si elle insinue qu'il faut dépasser la singularité des genres et des personnes, cela devient également problématique. Il est délétère d'envisager qu'un genre soit meilleur qu'un autre, ainsi que d'enfermer les genres dans des rôles sociaux-culturels sous couvert de tradition. Toutefois, il est tout autant pernicieux de vouloir nier la différence de genre, la différence entre chaque personne et même entre chaque moment d'une même personne. Le posthumanisme qui estime que le corps est une matière défectueuse et interchangeable, et que le genre est une malédiction, nous habitue à considérer l'existence tel le propriétaire sur son objet. Il en résulte une agression perpétuelle contre le corps et la nature qui, sous prétexte d'autonomie, vise une égalisation généralisée selon la valeur marchande.

Il est indispensable de tout faire pour que les violences faites aux femmes n'aient plus lieu. La question est de savoir si nous voulons nous cantonner à ce type de violence, si nous sommes prêts à prendre en compte toutes les formes de violence, si nous désirons comprendre et défaire la cause profonde de la violence, en l'occurrence, le capitalisme. Il me semble que tout le monde sera d'accord pour ne pas en rester aux symptômes, ce qui permettra d'éviter le piège de la concurrence et de la course à la victimisation.

Il s'agit donc d'en finir avec la division belliqueuse entre les genres pour unir les complémentarités, afin d'aller à la source du problème pour en retirer, déjà, une écoute réciproque et, à terme, une autre manière d'être ensemble sans devoir suivre une réglementation des comportements. Comme chacun sait : plus il y a de règles moins on se comprend, et moins on se comprend, plus il y a de règles.

Transgenre / hétéro

Dans la suite de ce qui précède, on peut se demander avec le mariage pour tous, si les communautés qui critiquaient – à raison – la domination révoltante des valeurs hétérosexuelles n'avaient comme désir inavoué que d'accéder à une normalisation de leur statut selon les mêmes valeurs. Depuis son apparition, le mariage n'a jamais été autre chose qu'une reconnaissance sociale institutionnelle et un contrat de reproduction des familles, en vue de leur ascension financière ou sociale. Dans la même lignée du conformisme narcissique, on peut se demander si favoriser, par exemple, le marché des semences plutôt que celui de l'adoption d'enfants abandonnés à leur sort, n'est pas un désir insufflé par le Capital. La fusion entre science et marchandisation de l'existence est si avancée, qu'on peut parfaitement imaginer un citoyen qui, au nom de la jouissance de son autonomie personnelle, achète régulièrement des sexes différents pour en faire des prothèses jetables. Il faut beaucoup de propagande pour dissimuler à nos jeunes âmes occidentales, à la recherche de leur identité, que le vrai motif de la propriété « mon corps mon sexe » est : moins de fertilité, plus d'interventions chirurgicales sous l'égide du dieu science – de qualités variables selon le porte-monnaie. Il n'a jamais été question pour le pouvoir dominant de laisser la liberté aux gens d'expérimenter et de découvrir la richesse et l'évolution de leur sexualité. Au contraire, voici le premier commandement : contrôler la reproduction et en tirer profit. Voici donc le nouvel évangile posthumain : le genre hétérogène doit disparaître sous le genre homogène de la cybernétique.

Religieux / laïc

On a considéré le voile à l'école comme le signe du péril islamiste. Maintenant, les contestations venant de nombreuses religions – en Europe, surtout des chrétiens – concernant le passe sanitaire, ces confessions sont considérées comme une émanation de l'extrême droite complotiste. En revanche, que les adolescents arrivent avec des accoutrements ostentatoires de toutes les couleurs et surtout avec les bonnes marques vues à la télé ne cause aucun problème. Ne s'agit-il pas là de la manifestation de la nouvelle religion avec son lot de dogmes sexuels, idéologiques, scientistes et marchands ? La séparation de l'Église et de l'État a été conçue en faveur d'une nouvelle religion inspirée de la techno-science. Je ne vois aucun laïcisme dans ce déroulement. Et pourquoi pas : chacun a ses croyances. Le problème est que le posthumanisme fait comme s'il était laïc, afin de mieux avilir les anciennes religions et imposer la sienne, qui ne dit pas son nom. Elle a raison de préférer le taire, autrement elle serait prise en flagrant délit de destruction et d'anéantissement.

Pro-climatique / climato-sceptique

Le thème du climat a comme caractéristique de noyer l'essentiel de l'écologie, de la même manière qu'accuser la fièvre de tous les maux passe à côté de l'essentiel de la médecine. La fièvre, comme le climat, sont des réactions face à un désordre créé en amont. Toute pratique rigoureuse se concentrera sur les causes, en partant des plus évidentes aux plus profondes. Essayons. Si le dérèglement vient – entièrement ou en partie – du cosmos, que faire à part se réfugier sous terre ? S'il vient – entièrement ou en partie – de l'activité humaine, nous avons déjà un peu plus de moyens. L'émission de CO_2 est une cause, paraît-il, évidente. Il faut donc réduire certaines activités industrielles. Creusons un peu : il est manifeste que toute activité industrielle pollue et détruit l'environnement. Nous avons fait un pas : nous sommes passés du climat à la pollution, de la perverse « taxe carbone » à la réalité de la destructivité de l'industrialisation.

Dès lors, nous pouvons nous demander si le tout-chimique, les thérapies géniques, les OGM, le nucléaire, les hydrocarbures, le transport maritime... et même le digital, ne participent pas à la pollution. Tout le monde en conviendra : oui. Encore un pas de plus : il s'agit donc d'un mode de production éradiquant et déréglant un environnement dans son ensemble. La conclusion vient d'elle-même : on se crêpe le chignon sur les conséquences climatiques, alors que tout le monde serait d'accord que la cause de la dégradation est le mode de production capitaliste. Mais là, c'est tabou.

L'intérêt de se concentrer sur le climat est de passer sous silence ce fameux mode de production, afin de responsabiliser encore un peu plus le consommateur qui ne fait pas bien son tri sélectif, de taxer certaines professions, PME et bientôt tout le monde, de favoriser – selon l'agenda libéral du moment – certaines industries (le numérique) plutôt que d'autres (pétrole, charbon) et ainsi de continuer à... détruire l'environnement sous couvert de protéger le climat.

Violence / non-violence

Tout le monde sera d'accord pour faire usage de la violence à partir du moment où sa survie est menacée. C'est ce qu'on appelle la légitime défense. La question n'est donc pas « violence ou non violence », mais à quel moment estimons-nous que nous sommes en danger vital. Dans le cas des pays capitalistes, une multitude d'instances comme l'éducation, le droit, le système parlementaire, les médias, sont censées s'interposer pour que la société civile ne dégénère pas dans la justice individuelle et le règlement de compte. Que se passe-t-il quand ces médiations se retournent contre l'une des parties qu'elles devraient servir, en l'occurrence le peuple ? Que se passe-t-il quand elles deviennent de plus en plus intrusives, contraignantes et coercitives jusqu'à mettre la vie en danger ?

La réponse découle d'elle-même : il devient légitime de se défendre. Face à une telle situation, les pacifistes et les légalistes se révèlent les partisans du statu quo, de l'ordre et de l'indifférence. Seulement, pour avoir une chance de se sauver, encore faut-il se rendre compte que l'on est en danger. En effet, nous pouvons voir un groupe agressif fondre sur nous et être persuadé qu'il nous veut du bien. Si nous comprenons que nous sommes réellement en danger, il nous faut évaluer la situation pour savoir y répondre, notamment en connaissant nos propres capacités, celles de nos adversaires et les possibilités de terrain. Nous pouvons alors décider de dialoguer ou de fuir, si cela est encore possible, ou de faire face et d'appeler au secours.

Enfin, si nous ne sommes pas *prêts à tout*, nous partons déjà perdants, la lucidité et les capacités ne serviront à rien. C'est une règle énergétique du combat : l'individu prêt à tout pour défendre sa vie impose d'emblée une forme de respect et fait descendre en partie l'hostilité de l'adversaire. *Si vis pacem para bellum* (« Si tu veux la paix, prépare la guerre ») ne signifie pas qu'il faille faire la guerre pour obtenir la paix, mais être prêt à s'y engager pour la conserver. De fait, si nous refusons la violence, l'ennemi, qui est prêt à tout pour nous soumettre, se fera le plaisir de nous attaquer précisément sur ce terrain-là, que nous laissons vacant. C'est comme lui souffler notre point faible.

Enfin, imaginons que nous gagnions le combat. Si nous ne sommes pas porteurs d'une autre manière d'être que l'emprise et la domination sur l'autre et sur le monde, alors nous reproduirons un nouveau cycle de guerre et de violence. Tel est le sens de l'exhortation inspirée de Franz Fanon aux pays colonisés ayant accédé à l'indépendance : s'il n'y a pas la volonté de sortir du capitalisme par une nouvelle organisation de la société, « il faudra des siècles pour humaniser ce monde rendu animal par les forces impérialistes ».[23]

Réel / virtuel

Nous avons connu la génération x qui voyait dans internet la possibilité d'une liberté faisant voler en éclat le vieux schéma des trusts industriels, patriarcaux et hiérarchiques. Critiquer internet, c'était réactionnaire. Aujourd'hui que le digital règle de manière libérale au nom du progrès les échanges de la planète, le critiquer demeure réactionnaire. En ce sens, les questions autour d'internet doivent revenir aux questions racines telles que : d'où provient l'énergie de fabrication (électricité), de quoi dépend son accès (câbles, satellites, antennes), sur quelles bases économiques se fonde-t-il (récolte des données, publicité, spéculation), qui peut s'en emparer (pouvoir central et monopoles privés) ?

Dans cette histoire, nous oublions que le réel – de la mécanisation à la digitalisation – est toujours soumis à l'exploitation et au remplacement de l'homme par la machine. Le CD mieux que le vinyle ! Le MP3 mieux que l'analogique ! Le vaccin mieux que l'immunité ! D'ailleurs, pas le choix. Et si tu veux des subventions pour tes œuvres d'art, tu dois faire ta communion avec le *high tech* qui compose et danse mieux que l'homme. C'est une vieille histoire : passer son temps à lire sur écran ou sur papier participe à la séculaire mise entre parenthèses du corps. La question n'est donc pas « réel ou virtuel », mais plutôt comment considère-t-on notre rapport au travail, au corps et aux relations ? Si le but du travail est de faire du profit, alors l'automation est inéluctable. Si notre corps est considéré comme une machine,

23. *Les damnés de la terre*, Franz Fanon, éditions François Maspero, 1961.

alors l'homogénéisation de la médecine est inéluctable. Si nos relations sont subsidiaires, alors les médiatisations (écran, livre, banque de sperme...) sont inéluctables.

*

Ici en Occident et ailleurs, on se raconte beaucoup d'histoires pour éviter le fait – très vexant – que, d'une part, nous sombrons dans la barbarie et que, d'autre part, nous avons besoin de nous parer de bonnes intentions pour persévérer dans cet obscurantisme. Au programme donc des civilisations : colonisation, exploitation, destruction de la planète, asservissement de la femme, de l'homme et des enfants, monopole des richesses, isolement, fanatisme, totalitarisme... Comme chacun le sait désormais, le robot vaut plus que l'homme. Entendez : la nature est odieuse et l'humain répugnant.

Sortir des clivages, c'est aller dans le sens du dévoilement qui provoque l'écroulement.

L'écroulement du système du mensonge, notamment concernant le profit, le travail, la science, l'État, la loi...

L'écroulement de l'hémicycle, qui nous indique qu'il faut extirper de nos têtes épuisées les assemblées et les parlements.

L'écroulement des institutions, qui est le signe qu'il est temps de sortir des clivages qui nous divisent et nous détruisent.

Qu'il est temps de sortir de la sidération de la jouissance et de la terreur.

Sortir de la gestion et de la maîtrise.

Respirer enfin et récupérer la présence à soi, aux autres et au monde.

Conclusion

Nous avons analysé les effets du capitalisme dans la vie quotidienne des peuples et des personnes. Ce système, dont il apparaît de plus en plus évident qu'il jette la civilisation dans la misère et la folie, est profondément animé par ce que j'appelle *le mal-être*. Pour en « finir avec la capitalisme », je vous propose de prendre de la hauteur. Tout d'abord qu'est-ce que le capitalisme ?

Avant d'être un principe marchand, c'est un rapport au monde. Je ne partirai donc pas de la terminologie marxiste capital / travail, bourgeoisie / prolétariat, mais directement de l'étymologie du mot. « Capital » vient du latin *caput*, qui signifie « tête, chef » possédant du bétail (cheptel). Cette étymologie se fonde sur la première dissociation de la civilisation, à savoir la séparation entre le corps et l'esprit. La tête assimilée au chef est intelligente, tandis que le corps assimilé au bétail, animal indifférencié, est assigné à l'obéissance. La volonté de domination de l'esprit se réalise en réduisant le corps à un objet. C'est ainsi que tout ce qui existe d'animé et d'inanimé se convertit, sous le règne du Capital, en un objet ayant perdu sa vitalité et son humanité. J'appelle ce processus « l'objectivation », dont le but est l'anéantissement de l'existence, ou nihilisme. Ce nihilisme, qui agit au cœur de la civilisation n'est pas une simple haine de la vie, mais la volonté de la détruire en la rendant inerte. Le mal-être, que nous ressentons tous, est la manifestation, plus ou moins consciente, de la volonté nihiliste du capitalisme.

Concrètement, les corps, et la matière en général, sont transformés en objets par le travail. Celui-ci génère toute la chaîne aliénante de la marchandise : profit, productivisme, mise en concurrence, monopoles, spéculation, paupérisation et toutes les diverses formes de domination (salariat, servage, esclavage...). Le travail et la marchandisation sont la manifestation quotidienne du nihilisme. Le verbe « travailler » contient en lui-même cette notion mortifère. Il provient du latin vulgaire *tripaliare*, signifiant *torturer*, dérivé du nom *tripalium* désignant un instrument de torture à trois pals. Cette sombre origine, la Bible l'a symbolisée il y a environ trois mille ans : « Elohîm a dit : «Puisque tu as mangé le fruit de l'arbre du milieu... Dans la peine tu enfanteras tes fils... À la sueur de tes narines tu mangeras du pain. »[24] Je traduis : « Maintenant que tu as créé le temps de la dissociation, ta vie se réduira au travail et à la reproduction dans la souffrance de la culpabilité. »

Au vu de l'objectivation, certains débats perdent leur sens. Chaque idéologie se constitue à partir de quelques points particuliers d'une dynamique globale. Les libéraux insistent sur la liberté du marché avec un État réduit aux fonctions législative et policière, les libertariens sur le libre usage de la propriété privée (mon corps, ma terre, mon travail), les sociaux-démocrates sur l'égalité du pouvoir d'achat, les communistes sur l'étatisation de la propriété privée et le partage de la plus-value, etc.

Si nous tirons le fil de l'objectivation, nous constatons que ces différentes positions participent d'un même ensemble logique et indivisible. Regardons-le de plus près. À partir du moment où l'être humain est dissocié par le Capital, il en vient, immanquablement par le travail, à transformer la matière en objets. Ces objets deviennent des propriétés privées qui sont mises sur le marché sous forme de produits. Le marché met en concurrence les produits, selon la loi du profit. L'accumulation de profit crée à terme une concentration des richesses se doublant d'une concentration du pouvoir, ce qui engendre des monopoles. Le monopole le plus important se constitue en institution (cités,

24. Traduction André Chouraqui, éditions Desclée de Brouwer, 1989.

royaumes, États, banques...), qui soumet à son service le reste de la population. Si l'on souhaite « en finir avec le capitalisme », il ne faut pas s'appuyer sur un des chaînons de la chaîne, mais se débarrasser de la chaîne.

Cette transformation de la matière et du corps s'accompagne également d'une transformation des croyances. Toutes les civilisations génèrent des récits sur l'origine du monde qui, malgré leurs différences, suivent la même trame. Restons dans l'histoire occidentale des traditions polythéistes (celte, grecque et romaine) et monothéistes (hébraïque et chrétienne) issues de l'Égypte ancienne et de l'Asie Mineure. Gaïa la Terre se sépare de Chaos le Primordial, puis d'Ouranos le Ciel, en envoyant son fils le castrer.[25] Cette émasculation, en ouvrant l'espace, permet au cycle du jour et de la nuit de commencer. On retrouve le même acte de division dans la Genèse : « La terre était tohu-et-bohu (chaos)... Elohîm sépare la lumière de la ténèbre... sépare les eaux dessous le plafond dessus le plafond... sépare le jour de la nuit. » Cette séparation originelle est toujours suivie d'une rupture entre la sphère divine et la sphère humaine. Les hommes, qui visent le pouvoir de la connaissance et de l'immortalité, sont punis par Zeus à l'occasion de l'événement prométhéen et par Elohim avec l'absorption du fruit défendu comme évoqué auparavant.

Dans tous les cas, condamnés à la culpabilité de vivre et à la transformation laborieuse de la matière, les hommes doivent souffrir durant leur existence. Il est naturel qu'ils cherchent à s'échapper de leur destin et de leur condition, soit par un nomadisme en quête d'une terre promise (les Hébreux), soit par une perpétuelle expiation par le truchement de la tragédie (les Grecs), soit encore à travers la projection d'un paradis (les chrétiens). L'histoire ne s'arrête pas là. Galilée démontre que les lois ne sont ni divines

---

25. Théogonie d'Hésiode.

ni métaphysiques, mais physiques et objectives. Il s'ensuit que la transformation du corps et de l'esprit ne dépend pas d'une croyance religieuse, mais d'un travail scientifique et technique. Si la science a déplacé et concentré le champ de la transformation sur le réel, elle continue d'évoluer à partir de la dissociation originelle et du désir de s'extirper de la condition humaine. Proposant l'étape suivante, elle prétend réaliser concrètement un être tout-puissant débarrassé de la nature. Il est inévitable que l'humain augmenté 2.0 et la digitalisation de l'existence soient envisagés comme l'apogée de la civilisation. Le nouvel homme s'allège du corps et de la douleur, l'automation le préserve du travail, ses multiples potentialités peuvent se réaliser grâce à la technoscience et, surtout, il peut espérer rejoindre l'immortalité. On comprend ce qui se joue de plus profond à travers la crise du covid : le virus – alias le corps, la nature, la vie, la matière, le Mouvement – est le pire ennemi de l'homme, seule la technoscience pourra nous sauver de notre condition grâce à une technique génétique qui modifie la base biologique du vivant. Il n'y a rien d'étonnant à ce que cette crise soit l'occasion d'accélérer la digitalisation des échanges, les monopoles, l'écrasement des mouvements sociaux et la mise en esclavage des individus réduits à des objets, puisqu'il s'agit d'une seule et même logique.

Sur le plan matériel, l'objectivation impose le système économique de la marchandise et, sur le plan des croyances, elle impose celui du posthumanisme, qui reprend à son compte le scientisme et le positivisme. À cet égard, la crise covid a permis de constater que la nouvelle religion a mis dans son escarcelle les anciennes confessions dont les institutions ont soutenu la vaccination. En Israël, les contestations religieuses à la vaccination ont étés calmées par la menace du retrait des aides d'État, aux Émirats, elle a été pratiquée en masse pendant que le pape parlait de l'injection comme d'un acte d'amour.

Aucun domaine n'échappe à la réduction matérielle et spirituelle, que ce soient les institutions intermédiaires comme l'éducation, les médias, la culture, ou l'espace plus intime comme la sexualité, l'image de soi et les comportements. Les rôles traditionnels de la gauche et de la droite se complètent ici à merveille. La droite s'occupe de favoriser une vision marchande, individualiste et hiérarchique, tandis que la gauche s'occupe de promouvoir l'égalité mondiale en ce qui concerne l'accès à la science, à la technique et aux productions industrielles. Cette intrication entre le matériel et le spirituel, le public et le privé, s'accompagne de la collaboration avec les mafias. Celles-ci ont toujours été indispensables pour le contrôle des populations, l'équilibre budgétaire des États et l'économie inavouable. Si le commerce des armes et du sexe participe de longue date à l'objectivation, celui des drogues et des substances (légales et illégales) doit particulièrement attirer notre attention. Dans un environnement où le mal-être s'étend et où les portes de sortie semblent absentes, il est naturel que les personnes en viennent à chercher à échapper à une réalité de plus en plus intolérable. Le système atteint le summum de la perversion lorsque les addictions, au lieu de nous faire évader, nous enfoncent dans le même piège, à savoir l'extraction de soi-même et la participation au système du profit. Au lieu de nous ancrer dans le réel et le Mouvement, elles exaspèrent la dissociation de soi, du corps et de l'esprit. La virtualisation des sociétés s'appuie sur la croyance que la réduction de l'existence à un chiffre et une onde nous mènera au bonheur immortel de la condition divine espérée depuis l'aube de la civilisation.

Aujourd'hui, nous assistons à une porosité historique et structurelle entre toutes ces différentes réalités et institutions, qui fusionnent en vue de modifier l'homme et la nature. Le capitalisme est destiné à être totalitaire, en ce qu'il colonise tous les aspects de la vie. Plus précisément, il accomplit le *nihilisme totalitaire* en ce qu'il envahit la vie pour la réduire à néant. Nous avons commencer en travaillant la terre, nous finissons réduit à une banque de données et à un algorithme. *L'objectivation implique la dématérialisation de l'existence, conséquence ultime du capitalisme.*

Pour en finir avec la civilisation du Capital, l'objectivation totalitaire et du mal-être qui en découle, il faut déjà en prendre conscience. Au fond du mal-être réside le désir d'en sortir et les indices du Mouvement. Ce travail difficile de descente dans les profondeurs et de lucidité fera émerger la puissance propre au changement. « Pour cela, il faut d'abord que les masses européennes décident de se réveiller, secouent leur cerveau et cessent de jouer au jeu irresponsable de la Belle au bois dormant. »[26]

Le moment est venu d'apporter les solutions. C'est un moment difficile. Il y a un piège : qui peut prétendre apporter des solutions pour les autres ? N'est-ce pas une manière de reconduire la logique du chef et du bétail ? Pourtant, si je n'apporte pas de solution, on me dira : « Tu nous laisses là en pleine dépression sans aucun espoir. Il vaut mieux ne rien dire et nous laisser avec nos compromis. »

Il y a un moyen de répondre à ces interrogations en renvoyant à l'histoire et à l'anthropologie, qui relatent un grand nombre de réussites offrant des pistes pour un autre monde. Je pourrais aussi donner des clefs traditionnelles et philosophiques de la pratique énergétique permettant de se relier au Mouvement. Cependant, j'entends, derrière la recherche des solutions, une angoisse beaucoup plus profonde, à laquelle j'aimerais répondre. L'humain a peur de laisser une situation qu'il connaît pour se lancer dans l'inconnu. La peur est mauvaise conseillère, car elle nous intime de reproduire, de conserver, de ne pas bouger. Ce

---

26. Franz Fanon. *ibid*.

que je veux dire, c'est que la vie est d'abord une aventure in-certaine, et son sens n'est certainement pas de refaire ce que les anciens ont déjà fait. Nous devons donc nous relier à l'élan primordial, découvrir et vivre notre propre vie, avec toutes ses singularités.

Si l'amour a un sens, c'est qu'il nous fait vibrer parce qu'il nous échappe. Il échappe à notre contrôle et, par là, nous rappelle à notre être profond, qui ne se laisse pas figer. Notre cœur bat lorsque le mouvement de la vie monte en nous. Sommes-nous à ce point horrifiés de l'inconnu, de l'amour et du Mouvement ? Sommes-nous colonisés, objectivés, gelés au point de vouloir pour l'avenir une procédure, une convention, un contrat ? Faut-il un projet pour oser vivre ? Faut-il un sens pour vivre ? C'est en forgeant que l'on devient forgeron. C'est en s'engageant dans l'inconnu que les chemins se dégagent et qu'apparaissent les solutions individuelles et collectives. La plus grande des libertés et la plus sûre des protections viendront de notre ardeur à nous (re)mettre en jeu à chaque instant de la vie. C'est dans le concret du tumulte et du plaisir, des échecs et des victoires, qu'elle nous offre ce qu'elle a de plus beau. Je fais appel à notre confiance, notre confiance en nous, car c'est de là que se réalisera ce que nous pensions impossible. À la question « Quel est le but du Mouvement ? », mon maître répondait : « Le Mouvement ».

Table des matières